Mitologia egípcia

Deuses Antigos, Deusas, Divindades e Contos, Lendas e Mitos Fascinantes do Egito

Por leitores ativistas de história

Introdução

Você adora aprender sobre as civilizações antigas?

A mitologia egípcia é uma das mais antigas e fascinantes mitologias do mundo. Está cheio de histórias de deuses e de deusas, heróis e vilões, amor e aventura. Este livro oferece uma visão abrangente de todos os deuses e deusas maiores, assim como figuras menos conhecidas da religião e mitologia egípcias. Também inclui contos históricos que fornecem insights sobre a cultura e as crenças dos antigos egípcios.

Os egípcios viam a religião e o mito como um e o mesmo, e assim seus deuses e deusas estavam presentes em ambos. As histórias contadas sobre estas divindades não eram simplesmente entretenimento; elas eram parte integrante da religião e do pensamento egípcios.

Através de sua mitologia, os egípcios explicaram fenômenos naturais, como a inundação anual do Nilo, e forneceram orientações sobre como viver harmoniosamente em sociedade. Os deuses e deusas representavam diferentes aspectos da natureza humana, e seus contos oferecem uma visão dos valores e crenças da cultura egípcia antiga.

Neste livro, você conhecerá a história da criação do universo, as aventuras de Osíris e Ísis, a ira de Set e muitos outros contos emocionantes do antigo Egito. Com uma escrita envolvente, este livro o transportará de volta no tempo para um mundo de deuses e deusas.

Tabela de conteúdo

Mitologia egípcia

A mitologia egípcia é a coleção de histórias sobre os deuses como eles eram adorados no antigo Egito. Esta mitologia é particularmente confusa porque foi criada e desenvolvida durante cerca de quatro milênios, com cada cidade do Egito tendo suas próprias idéias sobre como o mundo dos deuses funcionava. Muito material mitológico é anterior à unificação do antigo Egito. Devido a essas diferenças entre as cidades, podemos também encontrar versões diferentes. Por exemplo, tanto Hathor como Isis poderiam ter sido a mãe de Horus. Os egípcios não tinham realmente um problema com isso, pois sua religião não estava consagrada nos dogmas.

Netjer

Na verdade, os antigos egípcios não conheciam um deus transcendente, mas sim um deus imanente. O divino estava sempre e em todos os lugares co-presente. Toda força natural, força sobrenatural, lei ou faceta do cosmos não foi apenas nomeada, mas também designada com sua própria representação visual. Para penetrar um pouco em seu significado, é importante reconhecer algumas regras características nelas (ver 'Imagens').

Por exemplo, a netjer (como foram chamadas as "divindades", que foram posteriormente designadas pelos gregos com a palavra θέος, theos) não foram originalmente retratadas, pois considerou-se que qualquer representação distrairia a atenção de sua verdadeira natureza. Somente após algum tempo eles concordaram em usar alguma representação para isto, uma medida que acabou levando ao excesso visual que caracteriza as representações mitológicas egípcias.

Imagens

Algumas leis podem ser reconhecidas na imagem que pode levar a uma melhor compreensão do significado. Por exemplo, primeiro nos tempos pré-dinásticos, um netjer era frequentemente referido por um animal totem. Isto poderia então variar de acordo com o local. O nether Sobek, por exemplo, poderia ser retratado como um crocodilo, ou em outro lugar tomar a forma de um leão. Logo uma imagem antropomórfica foi escolhida, mas a cabeça foi representada como a de um animal totem, ou outro símbolo especial foi colocado acima da imagem. Esses símbolos ou coroas poderiam eventualmente ser cada vez mais compostos de tais

6

símbolos da mesma divindade de diferentes locais. As coroas compostas egípcias são um exemplo disso. Algumas vezes estes também foram complementados com chifres de carneiro ou de touro, com um uraeus simples ou duplo, com partes e penas de plantas, etc. Todos estes sinais falam silenciosamente suas próprias imagens de símbolos que indicam significados específicos. Além disso, há as várias posturas, como um gesto de proteção ou bênção, tomando pela mão para orientação, sentado em um trono como sinal de poder (ou representando um trono acima da cabeça como com Isis). Além disso, descobre-se toda uma gama de atributos, tais como diferentes tipos de ceptros e varas, cada um denotando um tipo diferente de poder, como por exemplo:

- o medustok, que representa o direito de falar, "ter uma palavra a dizer",
- o shenring, indicando domínio sobre ou por toda a eternidade,
- o renpit, uma veia dentada da folha da palmeira que representa uma certa validade temporal,
- o sinal de âncora, que caracteriza a presença em outra dimensão - a da vida após a morte.

Para dar mais nuances e explicar as imagens, geralmente são adicionados hieróglifos. Estes também são inicialmente ideogramas (representações visuais de idéias), só mais tarde sendo transformados em fonogramas. Às vezes, ambas as formas aparecem simultaneamente misturadas nas descrições dos mitos, representando os movimentos e conexões associados às imagens, geralmente em forma de relevo e também policromadas.

O traje dos deuses corresponde à moda de 2800 AC. Seus trajes não evoluíram com a moda porque eles estavam fora de nosso tempo humano.

As estátuas de culto eram geralmente feitas de ouro. Como este material é imutável no tempo, isto também indicou que os deuses estão fora de nosso ciclo de tempo, ou seja, em um ciclo que é "um milhão de vezes" maior. Por causa da preciosidade do material, poucas estátuas de culto sobreviveram; a maior parte foi remodelada após ter sido saqueada.

O mundo dos deuses egípcios consistia de dezenas de deuses, cada um com seus próprios pontos de referência, como a coroa de Osíris e o ganso na cabeça de Geb. Os símbolos que eles seguram em suas mãos também são indicações de sua posição e poder.

Outras formas de pontos de referência incluíram a assimilação com animais. O deus foi então retratado como um animal (geralmente no período inicial) ou como uma forma híbrida, como uma forma humana irreconhecível combinada com a de um animal. Um exemplo é Thoth, que tinha um rosto de um Íbis em um corpo humano. Esta escolha não foi arbitrária; afinal, os egípcios olhavam muito para a natureza e podem, portanto, ser considerados uma religião da natureza. Por exemplo, a deusa Toëris foi retratada como um hipopótamo. Um hipopótamo representa perigo e é protetor de seus filhos. Esta era, portanto, uma deusa da gravidez que protegia as mulheres grávidas. Muitos outros deuses existiram como falcões porque os falcões estão freqüentemente no céu e por isso eram adorados como deuses do céu, tais como Ra e Sokaris.

Como a história egípcia tem muitos milênios, alguns deuses tomaram diferentes disfarces ao longo do tempo. Alguns deuses eram inicialmente adorados apenas como símbolos (Min, Chons e Neith). Mais tarde, eles receberam corpos ou foram retratados como animais. Alguns deuses foram assimilados por deuses mais tarde mais conhecidos; por exemplo, Osíris adotou símbolos de Chentiamenoe e Anhur. Hathor e Isis foram comparados em tempos posteriores de tal forma que só se podia dizer a partir do texto se era Isis ou Hathor.

Ao classificarmos os deuses de acordo com nossos termos, podemos dividi-los em:

- deuses humanos (deuses masculinos, deuses femininos e deuses infantis);
- deuses animais, que por sua vez podem ser subdivididos em mamíferos (vacas, gatos, hipopótamos, cães, ovelhas e similares), répteis, peixes, anfíbios e insetos.

Havia também numerosos deuses mencionados exclusivamente em livros (livros dos mortos, livros de portões, textos em pirâmide) e demônios que não eram adorados, mas apareciam em murais.

Mitos

Os egípcios tinham poucos mitos em comparação com a mitologia grega ou romana. Suas histórias variavam muito de cidade para cidade, e a maioria dos mitos contava a criação do mundo. Além disso, os deuses não eram humanos: eles tinham um número muito limitado de traços de caráter e dificilmente eram matizados. O contato entre os deuses e os mortais era praticamente inexistente como regra. Só se podia alcançá-los através do faraó, a *rede nefer*, a única "divindade humana". Alguns mitos bem conhecidos do Antigo Egito:

- Histórias de criação egípcia
- Destruição da humanidade pela Hathor
- A batalha entre Horus e Seth
- Chnoem e os sete anos de vacas magras
- Ra e Isis
- Isis e os sete escorpiões

Complexidade

A mitologia egípcia é uma das mitologias mais impenetráveis e complicadas já conhecidas pela humanidade. As causas disso são:

1. o vasto período de quase quatro milênios em que se situa a civilização egípcia antiga;
2. a ampla distribuição geográfica na qual, de fato, várias mitologias se desenvolveram simultaneamente que mais tarde convergiram; e
3. a falta de uma linguagem escrita na época em que ideogramas e representações visuais eram geralmente usados para representar idéias e conceitos filosóficos e mitológicos abstratos.

Estes fatores levaram a uma coleção aparentemente confusa de representações de divindades, na qual alguns detalhes são facilmente negligenciados ou não compreendidos. Além disso, muitas vezes existem múltiplas versões tanto de divindades quanto de mitos. Isto se deve principalmente aos locais de origem ou onde a competição entre divindades e histórias locais levou a um status quo. Centros históricos importantes a este respeito em algum momento foram as escolas de Memphis, Hermopolis Magna, Elefantina (Tebas) e Heliópolis, cada uma com sua própria história de criação egípcia. Além destes, havia centros menores, como Panópolis (*Achmin*), onde deidades próprias ou combinações de deuses e mitos eram transmitidos.

Tem acontecido regularmente que os próprios egípcios não podiam mais ver a madeira para as árvores; assim, ao longo de sua longa história, uma série de "sistematizações" também foram impostas e implementadas de cima para baixo:

9

1. Sistematização do mundo dos deuses durante o Velho Reino: todos os deuses que ocorrem em tempos posteriores já estão presentes nesta era; eles estão ligados em hierarquias. Surgem escolas importantes (Memphis, Heliópolis e outros locais de culto). O Ogdoad de Hermopolis, que definiu os quatro pares de deuses primordiais, também foi reformulado aqui. Diz-se que isto remonta às suas origens aos tempos pré-dinásticos.
2. Entrada de Amon no Reino do Meio: o sistema hierárquico do Velho Reino permaneceu intacto, exceto por algumas deidades, mas à cabeça daquele panteão apareceu um novo "algod" cuja origem não era clara: Amon, (que mais tarde se fundiria com Re para formar Amon-Ra).
3. Os deuses do reino e o deus sol no Novo Reino: todos os deuses se envolveram no culto ao sol, até mesmo o antigo deus crocodilo Sobek recebeu características solares. Amon se afirmou como o deus principal exclusivo, deslocando Re, cujo poder criativo foi usurpado por Atum. As aparências mudaram, a representação dos deuses como animais prevaleceu. Seguiu-se o clímax teológico sob Akhenaten, durante o qual o período Amarna Aton foi separado de Amon e os deuses tradicionais da criação foram abolidos. Aton (literalmente *disco de sol*) tornou-se a presença física do deus supremo.
4. Sistematização pelos Ptolemies: uma imagem de deus emprestada da tradição egípcia em torno de Osíris-Apis era reconciliar a mitologia com as representações helenísticas. Horus, Osiris, Isis e Anubis receberam uma aparência helenística ou mudaram completamente para essa forma e receberam nomes gregos. Amon tornou-se Zeus, Horus Apollo, Hathor tornou-se Afrodite. O mesmo aconteceu com os principais locais de culto: Apollinopolis, Diospolis e Afroditopolis.

Influências políticas

No Egito antigo, a importância dos deuses muitas vezes dependia da importância de seu centro cultural. No início (1ª e 2ª dinastias), o deus Horus era muito importante e estava associado ao rei. Em torno do Velho Reino, houve uma mudança de Horus para Ra.

No primeiro período intermediário, o deus Sobek tornou-se muito importante, pois o Fayum tornou-se politicamente importante. Depois do Reino do Meio, Tebas e o panteão de Theban vieram à tona sob a forma de Montoe e Amon. No Novo Reino, as amálgamas entre diferentes deuses se tornaram mais comuns e o Império Egípcio também estava mais aberto às influências estrangeiras. Assim, os deuses estrangeiros também entraram no panteão egípcio (por exemplo, Astarte). A influência do soberano também poderia ser decisiva: pensa-se no culto de Aten sob Akhenaten ou na introdução de Serapis na era Ptolemaic. Finalmente, o período greco-romano assistiu à gregosização dos antigos deuses. Os antigos deuses egípcios eram comparados aos deuses gregos e romanos.

Agrupamento

Além dos deuses "comuns" que eram adorados, existiam também outros deuses. Eles podem ser classificados em grupos, a saber:

- Os 42 juízes da Câmara da Verdade
- Demônios
- Os deuses do livro das cavernas
- Livro de Portões
- Grupos (Dyade, Triade, Ogdoade e Enneade)
- Deuses da Casa
- Deuses provinciais ou Nome (Nomos e Nomarch)
- Deuses das estrelas
- Horas do dia e da noite deuses
- Almas de Nechen e Pe
- Filhos de Horus

Antigos mitos egípcios da criação

Há várias **histórias de criação no Egito**. Cada grande centro religioso tinha seu mito. Estes se centraram no deus "local" e o apresentaram como o criador do universo. Provavelmente alguns mitos serão mais difundidos do que outros, mas não podemos dizer qual deles foi o mais importante.

História da criação de Memphis

Este mito é preservado na *Pedra Shabaka*, uma placa de granito negro feita pelo Rei Shabaka na 25ª dinastia do Egito, que agora está no Museu Britânico. O deus Ptah, que era central para Memphis, havia criado a si mesmo e criado tudo concebendo-o em seu coração e depois falando-o em voz alta. No Egito, as pessoas pensavam que o coração era o lugar para a consciência e falar mostra a crença nos poderes mágicos que as palavras poderiam ter. Ele criou primeiro os deuses e depois os templos. Os deuses poderiam viver ali e Ptah fez estátuas de madeira, barro e pedra como corpos para seu ka. Nisto vemos a crença de que uma imagem poderia preservar uma alma (pense, por exemplo, nas estátuas ka). Então Deus criou os humanos e os animais chamando seus nomes.

História da criação de Hermopolis Magna

Hermopolis Magna estava localizado no centro do Egito e era o centro de culto do deus Thot, onde ele foi homenageado junto com uma unidade dos fundos, o Ogdoade de Hermopolis. A história da criação é baseada nos fenômenos na natureza, como evidenciado pela seguinte história:

No início, nada existia, havia escuridão e as águas primordiais. Neles viviam os quatro pares de deuses primordiais cujos machos são às vezes representados como sapos, as fêmeas como cobras.

- Águas Primordiais (Noen e Naunet),
- Ar ou potência oculta (Amon e Amaunet),
- Escuridão (Kek e Keket) e
- Sem fim (Heh e Hehet)

Os sapos formaram uma erupção de alta energia e o início da criação. Uma colina primordial Benbenv (Ilha da Chama) surgiu do oceano primordial Noen e sobre ela o deus Thot colocou um ovo; o ovo se abriu e o sol apareceu dele como um ganso e ele subiu para o céu. Cada vez que o Nilo inundava, surgiram ilhotas nas quais a primeira vida começou na forma de sapos ou outros animais.

De acordo com outra versão, o deus criador apareceu de uma grande flor de lótus flutuando sobre a água.

História da criação do Elefantino

A cidade de Elephantine está localizada na atual Assuã e era o centro de culto de Chnoem. O mito da criação está nas paredes do templo de Esnain do Alto Egito. O deus Chnoem criou todos os humanos e animais a partir do barro. Ele as fez na roda de seu oleiro. Através dos ossos do homem ele deixou fluir o sangue e colocou uma pele sobre o corpo. Depois ele aplicou os pulmões, o sistema digestivo, as vértebras e os órgãos reprodutivos. Depois disso, ele se certificou de que o homem pudesse se reproduzir.

História da criação de Heliópolis

A história da criação de Heliópolis aparece em um papiro dos últimos tempos, em meio a uma série de encantamentos do espírito maligno Apophis, a serpente. O papiro foi recebido por Rhind das mãos do cônsul britânico em Luxor como um presente em 1861 (ou um ano depois). Mustafa Aghs havia obtido o documento do repositório de múmias reais em Deir-el-Bahari. Há também uma série de referências à história a partir dos textos em pirâmide da Unas.

Há várias semelhanças com Provérbios 8:22 e seguintes.

No início havia apenas o Senhor dos Extremos, Neb-er-Djer, que habitava em um universo sem forma, o oceano primordial Agora. Neste universo, todas as coisas posteriores já estavam presentes em princípio, mas ainda estavam em um estado de impotência. Neb-er-Djer começou a desejar mudar isso e, portanto, tomou a forma do criador, Kheperi, ao pronunciar este nome. O nome Kheperi é soletrado com o hieróglifo escaravelho e este escaravelho era, portanto, sagrado. Afinal, ele se referia ao único criador. Ao contrário das religiões monoteístas posteriores, Kheperi não era um deus que interferia muito com suas criaturas. Ele deixou isso para os deuses que mais tarde criou.

A primeira coisa que Kheperi criou foi um solo sólido sob seus pés. Ele o fez em On (Heliópolis), novamente trazendo a Ordem (Maät) aos seus pensamentos (seu coração) e proferindo uma palavra. Depois ele teve comunhão com seu próprio punho e assim criou Shu e Tefnut, o deus do ar seco (gás, atmosfera) e a deusa do princípio do úmido (líquido). Assim, a primeira trindade foi uma realidade.

Shu e Tefnut tiveram relações sexuais e seus filhos eram Geb, o deus da terra e Nut, a deusa do céu. Enquanto estava escuro, a noz estava nos braços de Geb e assim nasceu a próxima geração de deuses, ou seja, Osíris, Seth, Isis e Nephthys. Mesmo antes de nascerem, Osíris e Isis eram marido e mulher e assim seu filho Horus também nasceu (embora de acordo com outros mitos, isto tenha acontecido muito mais tarde). Seth e Nephthys (de acordo com outra história) também tiveram um filho, o deus chacal Inpu (Anubis).

A Osiris, Kheperi deu um presente especial a Osiris. Ele era de igual importância para seu bisavô e, portanto, o criador encarnado. (Mais tarde, ele ressuscitaria dos mortos e se tornaria o salvador da humanidade).

O olho de Kheperi é o sol Ra, mas aconteceu um desastre que extinguiu a luz do sol. Portanto, Kheperi criou um segundo olho, a lua, e lhe deu poder sobre plantas, árvores e culturas.

Finalmente, a humanidade surgiu das lágrimas que Kheperi derramou e eles foram assim os criadores descendentes diretos, os filhos de Deus, não um produto da terra.

Benben

Na mitologia egípcia (especialmente na tradição de Heliópolis), **Benben** era a montanha que se elevava do oceano primordial Noen, onde o deus criador Atum fixou residência. Nos textos em pirâmide, o próprio Atum é referido como a "montanha". Foi reivindicado que se transformaria em uma pequena pirâmide em Heliópolis (chamada *Annoe* pelos antigos egípcios), que abrigava o Atum.

A pedra Benben com o nome deste evento mítico foi uma pedra sagrada no templo da antiga Heliópolis. Ele ficou ali no lugar onde os raios solares caíram sobre ele pela primeira vez. Acredita-se que esta pedra foi o protótipo para os obeliscos posteriores, e também para as pedras-chave das grandes pirâmides que se basearam neste desenho. Os topos (*pirâmides)* eram provavelmente dourados ou cobertos com uma liga de prata e ouro (*Elektrum*).

Em Heliópolis, o pássaro Benu era adorado, a fênix segundo Herodotos, e foi afirmado que este pássaro vivia no Benben, ou no salgueiro sagrado, a árvore da vida.

Outros lugares importantes tinham sua própria versão sobre a montanha mundial. Em Memphis, foi Tatenen, o deus da terra, que foi a origem de *todas as coisas na forma de alimentos e oferendas divinas e todas as coisas boas* como a personificação da primeira montanha.

Este simboliza o "inchaço do nada".

Aaru

Aaloe ou **Jaroe** ou **Iaroe** era o paraíso no Antigo Egito.

O caminho para Aaloe

No reino dos mortos, o falecido tinha que realizar uma série de testes, tais como encantamentos mágicos ou feitiços de contar. Se a pessoa morta tivesse sobrevivido a tudo isso, a pessoa morta teria que declarar perante os 42 juízes que tinha vivido bem a vida. O coração foi pesado pelo deus Thoth. Se a alma tinha o mesmo peso que a pena da deusa Maät, foi concedido o acesso aos campos de Aaloe.

Nos campos de Aaloe

Aaloe era o reino do deus Sol Ra no Oriente; outras fontes relatam que era o reino do deus Osíris. Foi descrita como uma ilha além do oceano do mundo e aos pés da abóbada celestial. É representada como uma grande terra através da qual a água flui.

Qualquer falecido, seja rei ou plebeu, tinha que trabalhar a terra lá e poderia ser o igual ao lado dos deuses. Os reis e nobres receberam shabtis, figuras mágicas do falecido com ferramentas agrícolas que trabalhariam a terra para eles.

Duat

De acordo com a mitologia egípcia, o **Doeat** é o submundo ou o Reino dos Mortos, o lugar para onde as pessoas vão quando morrem. O Doeat está escrito em hieróglifos como um círculo com uma estrela dentro dele. O governante do Doeat é o deus Osíris. Ele foi a primeira múmia, de acordo com o mito de Osiris.

Osiris é o governante do Doeat. Ele reside em um palácio no oeste, pelo qual os mortos tinham que passar primeiro. Ele é o chefe de justiça de lá, assistido por 42 ajudantes. Em cada passagem, os criados de Osíris com cabeças de animais estão de pé, testando os mortos, como descrito no Livro Egípcio do *Amdoeat* Morto.

Na passagem da 6ª e 7ª horas, os mortos chegam ao trono de Osiris. Aqui seu coração é pesado contra a Pena da Verdade de Maät, a deusa da ordem cósmica. Se o morto viveu uma boa vida, o coração está mais leve e ele pode entrar no Campo Jaru, a vida após a morte egípcia. Entretanto, se o coração é mais pesado por causa de todos os pecados, o coração e a pessoa morta são comidos por um monstro, o 'Comedor da Morte' Ammoet ou Amemet. Ammoet tem a cabeça de um crocodilo, as pernas dianteiras de um leão e o abdômen de um hipopótamo.

Isfet

Isfet ou **Asfet** (que significa: "injustiça", "caos", "violência"; (verbo) "fazer o mal") é um termo egípcio antigo da mitologia egípcia usado na filosofia, que se baseava em um dualismo de influência religiosa, social e política.

Princípios e ideologia

Pensava-se que *Isfet* era a contrapartida do termo *Ma'at* (que significa "(world-)order", "harmonia"). De acordo com a crença do Antigo Egito, Isfet e Ma'at construíram um dualismo complementar e também paradoxal: um não poderia existir sem o outro. Isfet e Ma'at mantiveram um ao outro em equilíbrio. Ma'at teve que superar o isfet, "o que é difícil", "mau(tipo)/muito", "difícil", "desarmônico", "preocupante". O Isfet deveria ser superado pelo bem, substituindo a unidade pela unidade e a desordem pela ordem. Um rei egípcio (faraó) foi votado para "alcançar" Ma'at, o que significava preservar e proteger a justiça e a harmonia, destruindo o Isfet. A realeza responsável significava que o Egito permaneceria próspero e em paz com Ma'at. Mas se o Isfet levantasse sua cabeça, a humanidade decairia e retornaria a um estado primitivo. A decadência era inaceitável como um curso natural dos acontecimentos, o que significava que o mundo estava separado do cosmos e afastado da ordem. O universo era cíclico, o que significava que ele tinha seqüências repetidas: o nascer e o pôr-do-sol diários, as estações anuais e a inundação do Nilo. Por outro lado, quando Ma'at estava ausente e isfet foi liberado, a inundação do Nilo falhou e o país mergulhou na fome. Portanto, os antigos egípcios acreditavam que através de seus rituais de ordem cósmica, eles traziam prosperidade para os deuses e deusas que controlavam o cosmos. Os princípios da contradição entre Isfet e Ma'at foram ilustrados em uma popular história do Reino Médio intitulada "o pranto dos beduínos":

> *Aquele que destrói a falsidade promove a Ma'at,*
>
> *Aquele que promove o bem anula o mau,*
>
> *à medida que a saciedade expulsa a fome,*
>
> *as roupas cobrem os nus,*
>
> *como se o céu estivesse limpo após uma violenta tempestade,*

Aos olhos dos egípcios, o mundo sempre foi ambíguo; as ações e julgamentos de um rei foram pensados para simplificar estes princípios a fim de preservar Ma'at, separando a ordem do caos ou o bem do mal. O texto 335a do sarcófago afirma que é necessário que os mortos sejam limpos do Isfet para que possam renascer no Duat.

Pensa-se que o Isfet é o produto do livre arbítrio de um indivíduo em vez de um estado primitivo de caos. Na mitologia, isto é representado pelo fato da Apep nascer relativamente tarde do cordão umbilical de Ra.

Acreditava-se que a representação física do Isfet vinha na forma do deus Seth.

O papel do rei

Sempre que o rei fazia uma aparição pública, ele era cercado por imagens de estrangeiros que enfatizavam seu papel como protetor de Ma'at e inimigo de Isfet, que eram os inimigos estrangeiros do Antigo Egito. Nesta capacidade, o rei é principalmente retratado como "atacando" os estrangeiros para preservar a Ma'at.

O rei também manteve o culto do templo para evitar a propagação do Isfet, assegurando que os cultos fossem realizados em certos intervalos, necessários para manter o equilíbrio de Ma'at contra as forças ameaçadoras do Isfet.

Ogdoad

O **Ogdoad de Hermopolis** (Hermopolis Magna) é um grupo de oito deuses primordiais do antigo Egito.

Esses deuses representavam aspectos do cosmos original. A maioria dos textos sobreviventes sobre o ogdoad vem até nós do período Ptolemaic. O nome egípcio de Hermopolis era *Chemnoe* (literalmente, *Cidade Oito*). Este nome é encontrado a partir da 5ª dinastia e, sem dúvida, remonta muito mais atrás. Isto dá uma idéia da era deste mito.

Natureza e função dos deuses primordiais

Segundo a visão Hermopolitana, as oito divindades primordiais existiam em quatro pares de dois, cada um com um representante masculino e um feminino. Cada par foi associado a um aspecto ou elemento específico de pré-criação. Eles continham o potencial para a criação do universo. Portanto, esses deuses primordiais também foram chamados de "pais e mães" do deus sol.

Variantes dos quatro pares de deuses primordiais

Os quatro pares seguintes podem ser distinguidos:

- Águas Primordiais (Noen e Naoenet),
- Ar ou potência oculta (Amon e Amaunet),
- Escuridão (Kek e Keket) e
- Sem fim (Heh e Hehet)

Textos em pirâmide mencionam os Oito Deuses com Tem:

- Naoe e Naoenet
- Amém e Comentário
- Tem com Roeroe e Roeroeti (deus leão e leão)
- Shu e Tefnoet

De acordo com indicações no templo de Kargah:

- Noen e Naoenet,
- Hehoe e Hehoet,
- Kekoeit e

- Gerh e Gerhet

Os padres de Hermopolis tiveram os seguintes dogmas:

1. Toth era o espírito, a inteligência e a capacidade de raciocínio do deus autocriado. Ele era espírito e alma do Oceano Primordial. Ele era luz e vida e dava vida ao homem.
2. Quatro deuses e quatro deusas ajudaram Toth em seu governo de Noenoe. Estes eram Nennoe e Noenet, Hoeh e Hoehet, Koek e Koeket, e Amen e Ament.
3. Estes deuses criaram a colina de Hermópolis na qual estava o Deus Sol.
4. Esses deuses criaram o Sol e a ajudaram a ocupar seu lugar em Heliópolis.
5. Esses oito deuses eram os deuses mais antigos do Egito; eles eram os pais e mães do Sol.

Com estas teses, elas eram diametralmente opostas aos ensinamentos dos padres de Heliópolis. A teologia de Toth era de alto nível espiritual.

Houve grande semelhança dos nove deuses da criação dos egípcios com os deuses da criação na mitologia suméria. Isto não significa necessariamente que uma adotou a visão da outra, mas poderia ter havido uma fonte comum muito mais antiga subjacente a ambas as visões.

O principal local de culto dos oito deuses primordiais nos tempos antigos era em Hermopolis, um pouco a oeste de Tebas, em um pequeno templo perto de Medinet Habu.

Iconografia

Os quatro deuses primordiais masculinos da "ogdoah", também foram representados com uma cabeça de sapo ou como um sapo, enquanto os quatro femininos são representados com cabeça de cobra ou como uma cobra. Além disso, todos os oito deuses primordiais foram frequentemente retratados em conexão com um Babuíno carregando o sol nascente. Esta associação com babuínos provavelmente veio do mais profundo da África, onde pouco antes do nascer do sol estes animais soltaram uma canção distinta. Mais tarde, o deus babuíno Hapi também surgiu e foi simultaneamente associado com a ascensão do Nilo, a ascensão da nova estação fértil.

21

O papel de Amon

Amon tornou-se gradualmente mais e mais importante no culto a esses deuses primordiais. Ele evoluiu para o deus sol Amon-Ra. Mais tarde, o faraó Akhenaten renunciou a todos os deuses e o culto ao Aton, o disco do sol, surgiu. Pela primeira vez na história do Egito, poderia se falar de monoteísmo. Isto causou grandes revoltas por parte dos padres e do povo. Após este reinado, o que é chamado de período Amarna, Tutankhamun restaurou o culto ao deus Amon. Isto está escrito na "estela de restauração de Tutankhamun".

Macho Deuses

Anhur

Onoeris (egípcio: Anhoer) era um deus do antigo Egito.

Mitologia

O deus onoeris era um deus da guerra e um deus da caça. Ele veio de Thinis e sua adoração remonta ao Período Dinástico Primitivo ou Fino. Seu nome significa "aquele que é o portador daqueles que moram longe" e está relacionado ao mito de que o deus foi a Núbia para trazer de volta o Olho de Rá que se tornou sua esposa: Mechit. Onoeris tem semelhanças com Shu na versão Heliopolitana do "Olho de Rá". Onuris também foi associado a Horus e na época de Ptolemaic ele foi identificado com o deus Ares.

Culto

O centro de culto era originalmente em Thinis, perto de Abydos. Isto se mudou posteriormente para o delta da cidade de Sebennytos, identificando-o com Shu na forma de Onoeris-shu.

Imagem

Onoeris é representado como um deus de pé, com uma barba e quatro plumas na cabeça. Ele tem uma lança ou lança na mão direita que ele segura levantada, na mão esquerda segura uma corda sobre a qual ele carrega a leoa. Como roupa, o deus veste um vestido comprido decorado com padrões de penas.

Amon

Também se escreve Amun, Amen, Ammon, Aman, ou Hammon.

Deus do sopro da vida que anima todos os seres vivos, bem como o espírito que permeia cada objeto inanimado

Os gregos, que o chamavam de Ammon, identificaram Amon-Re com seu deus principal, Zeus, e equipararam o defeito de Min-Amon ao relâmpago de Zeus. Os romanos levaram esta identificação a sua divindade principal, Júpiter.

Amon (também às vezes chamado **Hammon**, **Ammon**, **Amém**) era um deus importante nos tempos antigos. Ele era adorado principalmente pelos antigos egípcios. Tebas era a principal cidade egípcia onde Amon era venerado. Siwa era o oásis principal onde Amon também era adorado pelos berberes. Os sacerdotes Amon formaram uma poderosa elite no antigo Egito.

Nome

O significado exato de seu nome *I-m-n* (Aman(o), Amun, Amon, Ammon) é desconhecido. Há um verbo arcaico *imn* "criar, realizar" (sem determinante) e um verbo comum imn "esconder, ser escondido" (com ou sem determinante). Embora em tempos posteriores muitos jogos de palavras com o significado "estar escondido" ocorram em textos com seu nome, o nome Amon nunca é escrito com o determinante para "esconder". Mais provavelmente, portanto, é uma raiz que significa "Criador (deus)" que também se encaixa bem com um deus primordial.

Plutarco cita algumas palavras de Maneto em seu trabalho indicando que Amon significa "o que está escondido" ou "escondido".

Papel na mitologia

Amon desempenhou inicialmente um papel limitado como deus primordial (e talvez já representado sob o disfarce de um ganso do Nilo como deus criador) junto com seu homólogo ou consorte Amaunet de acordo com os Textos em Pirâmide do Velho Reino (em grande parte compilados por sacerdotes de Heliópolis e Memphis) e os Textos em Sarcófago do Reino do Meio. Como tal, seu santuário deve ter sido tradicionalmente localizado em Heliópolis, talvez mais cedo em Dasjoer ou Saqqara, perto de Memphis. Esta conexão do norte também pode ser refletida na coroa vermelha que Amaunet sempre usa de acordo com sua iconografia.

No entanto, desde pelo menos a 10ª dinastia, seu santuário principal era em Tebas. Tanto o ganso do Nilo (originalmente um disfarce de um deus criador independente chamado 'Great Gaker') quanto uma espécie de carneiro do sul (*Ovis platyra*) com chifres virados para dentro (para comparação de formas: 'amonite'!) foram dedicados a ele. Sua esposa em Tebas era a deusa Moet e seu filho era Chons e juntos formaram uma Tríade. Isto também foi adorado no norte.

As estátuas de Amon, Moet e Chons foram transportadas do Templo de Karnak em Karnak para Luxor com o festival Opet.

Aparência

Amon é normalmente retratado em relevos antropomórficos do templo e como uma régua usando uma coroa dupla com plumas altas. A cor azul que ele às vezes usa certamente se refere a "ar" e "vento", mas este certamente não é o elemento natural no qual o deus se funde completamente como o "escondido". Os textos mais antigos não mostram isso. Assim, ele também pode se manifestar na luz do sol e na água e sobre ela. De todas essas memórias preservadas, uma coisa é certa: Amon era um antigo deus primordial.

26

O deus é retratado em posição de pé, bem como sentado. Na forma de Amon-min, o deus é representado com seus pés lado a lado e um braço levantado. Diante do deus geralmente está um faraó, rainha, nobre ou oficial.

História

Com a recuperação nacional após o primeiro período intermediário, muito mudou para o culto de Amon. As 11ª e 12ª dinastias que foram os fundadores do Reino do Meio foram de Tebas e apoiaram os sacerdotes Amon. Assim Amon tornou-se uma divindade importante, e o centro espiritual do país mudou de Heliópolis para o sul de Tebas. No entanto, isto não levou a uma fenda religiosa porque Ra, o deus sol que havia se tornado a divindade nacional no Velho Reino, era facilmente equiparado a Amon. Assim Amon-Ra tornou-se a divindade principal do Egito, e especialmente no auge do Novo Reino, os sacerdotes de Amon-Ra tornaram-se cada vez mais poderosos. Esperava-se que o rei - por exemplo, da homenagem levantada pelos bens estrangeiros - fornecesse mais e mais recursos financeiros à burocracia sacerdotal. Assim, o poder sacerdotal tornou-se um estado dentro do estado. Akhenaten tentou pôr um fim a isto de um golpe, proibindo o culto de Amon, mas sua heresia não durou muito tempo. Após o tempo do último Ramessides, o Alto Egito foi de fato governado pelo sumo sacerdote de Amon e o *adorador do Deus*, a esposa do deus na terra. Nessa época, o culto também tinha se espalhado mais ao sul de Núbia, onde a forma de carneiro de Amon também se originou.

Depois durante a época da 22ª dinastia berbere, o culto Amon caiu um pouco em declínio, foram os Cushites que restauraram Amon a sua plena glória durante a 25ª dinastia.

Nos tempos grego e romano, o culto de Amon ainda era particularmente poderoso - Amon era equiparado a Zeus ou Júpiter, embora os cultos de Osíris, Isis e Serapis exigissem maior atenção. O culto de Amon chegou ao fim quando, sob Teodósio I, o cristianismo se tornou a religião estatal.

Amon entre os antigos berberes

De acordo com H. Basset, Amon era o deus mais importante para os berberes. Além disso, René Basset observou que os Guanches continuaram a usar o nome *Amman*; eles o associaram com o senhor e deus, e o associaram com o nome do sol em sua língua. De acordo com Mohamed Chafik, o nome Amon ou Ammon tem uma forma berbere, mas seu significado não é claro. Além disso, há especialistas que assumem que havia uma civilização comum entre os berberes e os antigos egípcios em uma era pré-saariana.

Siwa era o oásis principal onde Amon era venerado pelos berberes. Os gregos chamavam os habitantes de Siwa de Amonioi (Ammonioi). Daqui deriva a palavra *amônia*, o sal das famosas nascentes de Siwa.

Amon foi misturado com o deus egípcio Antigo Ra. Isto foi devido à mudança do governo para Tebas, onde Amon era o deus local. Assim, o deus Amon-Ra foi criado. Assim como os cartagineses com seu deus central Baal, que estava misturado com o deus principal dos berberes, Amon; assim o deus Baal-Amon, também chamado Baal-Hammon, foi criado ali. Como os cartagineses, os gregos misturaram seu deus supremo Zeus com Amon para formar o deus Zeus-Amon, enquanto os romanos o misturaram com seu deus supremo Júpiter; a partir daí, o deus Júpiter-Amon surgiu.

É digno de nota que os gregos fizeram a distinção entre o antigo Amon egípcio e o Berbere/Siwi Amon. Quando Alexandre o Grande quis conquistar o Egito, a conselho de seus conselheiros, atravessou o deserto seiscentos quilômetros até Siwa para buscar a bênção de Amon.

Amunet

Amaunet era a contraparte feminina de Amon. O papel de Amaunet juntamente com Amon foi inicialmente adorado em Tebas, mas na 17ª-18ª dinastia, Amaunet tornou-se menos popular como contraparte e a tríade (trinity) de Amon-Ra (Amen-Ra), Moet (Mut) e Chons (Chonsoe, Khons ou Khonsu) tornou-se popular até o domínio cristão.

Amaunet também pertenceu ao Ogdoade de Hermopolis.

Aton

Aton ou **Aten** é um deus sol egípcio. O deus é mais conhecido do período Amarna, quando Amenhotep IV (depois Akhenaten) elevou Aten ao deus principal do Egito.

Aton antes do período Amarna

A palavra "Aton" é conhecida a partir do Reino do Meio para designar o disco solar. A palavra foi usada em textos de sarcófagos. No Conto de Sinoehe, a palavra "Aton" é a designação de deus.

No meio do Novo Reino, o deus é frequentemente atestado. Thutmoses IV dedica um escaravelho ao Aton. Aton era referido algumas vezes naquela época, mas como uma divindade, ele não representava muito. Sob o pai de Akhenaton, Amenhotep III, isto mudou e Aton também foi adorado como um aspecto do deus sol.

Aton no período de Amarna

Com a adesão de Amenhotep IV (o último Akhenaten), o deus recebeu pela primeira vez títulos reais na forma de uma introdução, dois faraós como os faraós também têm. A primeira forma de títulos de Aton também incluía os deuses Horachte e Shu. A partir de seu 9º ano de reinado, o deus recebeu um nome de rei modificado do qual todos os outros deuses foram removidos. Os nomes dos deuses foram escritos consistentemente ao lado ou abaixo da imagem do disco solar.

Akhenaten teve os templos de outros deuses fechados e construiu em Amarna sua nova capital, Achetaton (horizonte de Aton). Ele era o único sacerdote de Deus e assim atraía todo o poder para si mesmo. Seus esforços para estabelecer uma religião monoteísta com Aton ou Aten como única divindade é também conhecida como *atenismo* ou *atonismo*.

Após alguns anos, sua reforma fracassou completamente e o Egito voltou aos velhos caminhos. Depois disso, não se ouviu falar muito de Aton. Na época de Horemheb, os traços da era Amarna foram radicalmente apagados. Os templos foram reutilizados sob os Ramessides.

Imagem

Há dois tipos de imagens de Aton.

- Antes do início do período Amarna com o reinado de Akhenaten, o deus Aton foi representado como um falcão com disco de sol, semelhante ao deus Re e Re-Horachte.
- No final do reinado de Amenhotep III, a imagem do deus foi radicalmente mudada para um disco solar com ureaus. O disco solar tem raios com as mãos, alguns raios terminando em um sinal de Âncora, mas somente para a família real.

Culto

O deus foi adorado em Heliópolis sob Amenhotep III.

Sob Amenhotep IV, um templo de Aton surgiu em Tebas. No quinto ano do reinado de Amenhotep IV, ele mudou seu nome para Akhenaten. Ele mudou a capital para Tell el-Amarna. Ele mandou construir ali dois templos:

- O grande templo de Aton
- O templo menor de Aton

Havia também templos de Aton em Memphis, em Sesebi (Nubia) e presumivelmente em outros lugares do império de Akhenaten.

Atum

Uma divindade solar pré-dinástica está associada à noite ou ao pôr-do-sol

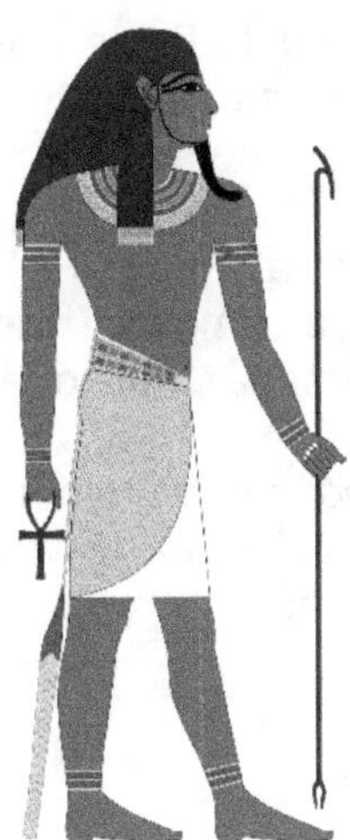

Na mitologia egípcia, **Atum** ou *Atum* é o deus criador do novo mundo e o ancestral de todos os outros deuses e faraós. Ele é chamado "aquele" (que se estabeleceu em *Benben*, a montanha que se ergueu do oceano primordial Noen). Além disso, ele ainda desempenha um papel no culto ao sol no Novo Reino, mas é principalmente um deus muito antigo, possivelmente pré-dinástico. *Atum* no Antigo Egito significa *ser*, *tudo* (*aquele que é completo*) ou *nada* (*aquele que não existe*). Atum é frequentemente equiparado ao deus sol Ra.

Mitologia

Atum era o grande deus importante de Heliópolis. Seu culto era muito antigo, e na época do Velho Reino ele era a força criativa. Ele foi o mais importante dos oito ou nove deuses mais freqüentemente mencionados dos Textos da Pirâmide: o *Ennead* (o ninefold). Como resultado, temos uma riqueza de informações sobre este deus na mitologia e sobre seu caráter. Sua principal característica de caráter é o deus criador, mas também o *autocriador*. Ele veio "como uma enguia" das águas primordiais de Noen (ou Freira), criou a terra como uma "colina primordial" que se ergue das águas e criou os deuses a partir de seu pensamento. Para criar, este "um" teve que se dividir. De acordo com um certo mito, o primeiro par de deuses foi criado soprando Shu (*ar* e *luz transportável seca*), espirrando, tossindo Tefnut (*umidade* e *calor*) ou de seu "sêmen por masturbação", (já que Atum estava sozinho quando criou).

Mas a Atoem também tinha outros aspectos:

- *O Senhor todo-ambiente*: tudo o que existia veio da carne de Atum, e cada indivíduo veio do *Ka* do deus. De acordo com os textos em pirâmide, o Faraó se uniria ao Atum (aspecto mais tarde associado a Osíris).
- *Criador*: de acordo com a ennead Heliopolitan, Atum foi criado no caos de Noen, e criou a si mesmo. Ele é o criador e o destruidor. O Livro dos Mortos *(Amdoeat)* diz que, no fim do mundo, ele destruirá tudo.
- *Pai dos deuses e faraó*: como um deus criador, ele foi pai de uma série de deuses. O Faraó era associado a Horus e, portanto, Atum também era pai do Faraó.

Culto

Atum era o principal deus adorado em Heliópolis, embora algumas vezes fosse ofuscado por Ra. O deus é freqüentemente chamado de *senhor de Heliópolis*, e mesmo após a ascensão de Rá, ele permaneceu influente. Centros de culto do Atum são encontrados não apenas no norte, mas também no resto do país. Relativamente poucas imagens do Atum são conhecidas. A maioria aparece em amuletos.

Imagem

Às vezes, o Atum é representado como uma enguia, um peixe que vive em águas turvas de lama, mas que também pode rastejar em terra. Como enguia, ele fez a primeira terra, levantando-se como uma "colina primitiva" da "água primitiva", mas geralmente Atum é representado em forma humana, como um homem com uma coroa dupla *(psjent)* sentado em um trono. Além disso, às vezes o deus é retratado com a cabeça de um carneiro. O pessoal transportado pelo Atum indica que ele deve ser considerado muito velho. Suas formas animais são a serpente (serpente), mangusto, leão, touro, salamandra e babuíno. Às vezes o deus está armado com um arco. Em conexão com seus poderes regenerativos, às vezes ele também é retratado como um escaravelho.

Bennu

O **Benoe** ou **Benu** é um pássaro da mitologia egípcia e é o ancestral da fênix. O hieróglifo egípcio deste pássaro significa "brilhar" ou "subir". Diz-se que o benoe nasceu na criação e foi adorado em Heliópolis, no Antigo Egito. É um tipo de garça com pernas longas e duas longas penas na parte de trás de sua cabeça. É a ave eterna que, como o sol, renasce todas as manhãs após sua viagem através do submundo.

O benoe se levantou do mar primordial Noen. Ele ficou na colina primordial, a primeira terra a se erguer da água. Ele viveu nesta Benben, a montanha mundial. A primeira luz do sol brilhava sobre o pássaro e sobre a montanha mundial, e quando o animal emitia um grito (o sopro da vida), o tempo decolava. Os padres construíram um templo na colina arenosa que ficava no precipício. Naquele templo solar na cidade de Heliópolis, eles colocaram a pedra benbena, simbolizando o lugar onde o deus sol Atum apareceu como o bené. O benoe também está associado ao calendário egípcio.

De acordo com o Livro Egípcio dos Mortos (capítulo LXXXIII), o benésio brotou do coração de Osíris, e era nele "a essência de toda divindade".

Este animal totem associado ao deus sol acompanhou as almas dos mortos no barco de Ra em sua viagem através do submundo até o deus Osíris, que deveria julgá-los. Aqueles que se mostraram dignos viajaram com o pássaro para o leste, onde ascenderam à luz da vida após a morte como o sol.

Quando o historiador grego Heródoto visitou o Egito, os sacerdotes de Heliópolis lhe mostraram imagens do benévolo. Ele chamou o pássaro de "fênix" (ii.75).

Asteróide

O asteróide *(101955) Bennu* tem o nome de Benu, um chamado tosquiador terrestre, que passa pela Terra a apenas 333 milhões de quilômetros de distância. Em 2016, a sonda espacial OSIRIS-REx foi lançada para explorar Bennu. A sonda deve trazer algum material de superfície para a Terra.

Hapi

O deus do rio Nilo

Hapy era um deus egípcio. Às vezes ele é visto como uma deusa porque tem ambas as características sexuais. Hapy tem seios e uma barba falsa.

De acordo com os egípcios, este deus garantiu que o Nilo inundasse todos os anos e trouxesse fertilidade. Para isso, ele está intimamente associado a Noen. O Egito dependia das inundações do Nilo para sua agricultura e por causa disso, o culto à Hapy era muito popular no vale do Nilo. Foram feitas ofertas para garantir que a lavagem do Nilo, também chamada de *vinda da Hapy*, fosse ótima. Poderia ser que o nome original do Nilo fosse Hapy.

A terapia é normalmente retratada como um homem com seios pendurados e barriga protuberante. Estes são sinais de estar bem alimentado. Ele geralmente mantém a vegetação do Nilo ou plantas penduradas em sua cabeça.

Horus

O deus do céu com cabeça de falcão ou falcão, o filho de Osíris e Ísis

Horus é um deus falcão egípcio, adorado desde o início da antiga civilização egípcia até a introdução do cristianismo.

Significado mitológico

O deus tem uma rica história de adoração, ao longo dos anos, uma série de papéis foram atribuídos ao deus Horus.

Horus como deus da realeza

Horus era um deus da dinastia atribuído aos reis da 0ª à 3ª Dinastias. Ao ligar o papel de Horus como deus do céu ao deus da dinastia, ele se tornou o fundador da realeza egípcia. Assim, o faraó se tornou uma encarnação de Horus. Após sua morte, o faraó falecido tornou-se então uma personificação de Osíris e Horus passou para a pessoa viva do novo faraó. A Lista do Rei de Turim descreve os reis da 0ª à 3ª Dinastias do Egito como os "Seguidores de Horus".

Os reis escreveram seus nomes em um palácio serechado ou estilizado com um falcão Horus no topo. Um dos títulos era também o nome Golden Horus.

O deus Haroer ou Horus the Elder (grego: Haroëris) é retratado como um deus antigo que há muito lutou com seu tio Seth pelo trono do Egito. Eventualmente, o trono do Egito é concedido a Hórus pelo conselho dos deuses. O deus Harmaoe ou Horus, o unificador (grego: Harsomptus) cumpre o papel de unir o Egito e governar o Egito. Isto se refere ao tema Batalha entre Horus e Seth pelo trono.

Horus como deus do céu

Horus era originalmente um deus do céu. Seu nome *ela* significa: o distante ou o alto e tem a ver com o falcão voando ou atacando a grande altitude. O deus era adorado em Hierakonpolis como um falcão celestial: seu olho direito era o sol, seu esquerdo a lua, suas penas salpicadas são as estrelas, suas asas o ar que produz o vento. É o deus do céu que estende suas asas sobre a terra.

Horus como deus sol

Como o deus Horachty ou "Horus dos dois horizontes", foi-lhe dado o papel do sol nascente e poente, o sol poente e deus do oriente. Nos Textos da Pirâmide, há uma passagem: "O rei morto renascerá no céu oriental como Horachty". O culto do deus foi associado a Re de Heliópolis como Re-Horachety.

Como o deus Horbehedet ou *Horus de Edfu,* o deus era adorado como um disco de sol com asas. Foi-lhe dado o papel do sol que sobe pelo céu.

O deus Horemachet ou *Horus do horizonte* (grego: Harmachis) foi retratado como um deus sol na forma de um falcão ou leão. A partir do Novo Reino, a Esfinge de Gizé foi considerada para retratar Horemachet, enquanto retratava o rei Chefren.

Horus, a criança

Horus quando criança foi retratado e adorado de várias maneiras.

- Como Her-hery-wadj ou *Horus na planta de papiro*, o deus foi retratado em uma planta de papiro com uma coroa de rei e um manto. De acordo com o mito, Isis havia engravidado de Osíris e dado à luz à criança nos campos de papiro. A criança - herdeira de Osíris - foi mantida escondida de Seth, irmão de Osíris, que também se considerava herdeiro de Osíris.

- Como Her-pa-chered ou *Horus a criança* (ver Harpocrates), o deus foi retratado como uma criança vulnerável sentada no colo de sua mãe Ísis. Ou como um deus independente com regalia real.
- Como Her-sa-aset ou Horus filho de Ísis (grego: Harsiese), o deus foi identificado como filho de Ísis e legítimo filho de Osíris e sucessor de Osíris. Relacionado a isto está o título Her-ion-mutef ou *pilar Horus de sua mãe* e Her-nedj-itef ou *Horus salvador de seu pai* (Ver Harendotes).

Horus como filho de Osiris e Isis

Horus é filho de Osiris e Isis, e um irmão de Bastet. Horus nasceu após a auto-fertilização de sua mãe Isis. Isis não foi capaz de recuperar o pênis de Osíris quando seu corpo foi cortado em 14 pedaços e jogado no Nilo por seu irmão, Seth. Temendo que Seth matasse seu filho, Isis lançou a criança em uma cesta de papiro no Delta do Norte do Nilo, esperando que a criança fosse encontrada e criada por alguém. Assim aconteceu. No final, é Horus quem mata Seth. Horus tem quatro filhos.

Aparência

O deus Horus é representado como um falcão ou humano com a cabeça de um falcão. De acordo com Richard H. Wilkinson, este poderia ser o Falco biarmicus ou o Falco peregrinus. Horus como falcão é às vezes dotado de atributos reais como o báculo de Nekhakha e uma coroa egípcia. Às vezes o falcão também tem um disco de sol na cabeça. Horus como um humano com cabeça de falcão também é mostrado com atributos reais. Ele geralmente traz um símbolo de âncora e acompanha o faraó ou o falecido aos deuses.

Como Horus-Behedet, o deus foi retratado como um disco de sol com duas asas com duas cobras ureaus debaixo.

Como Horus-the-child, o deus foi retratado como um bebê com Ísis no colo, ou como uma criança pequena com um cadeado lateral em pé sobre um crocodilo.

Veneração

A adoração de Horus ocupava um lugar importante na religião egípcia antiga. O deus falcão Horus era o mestre do céu. Seus olhos eram o sol e a lua. Como um amuleto, seu olho proporcionou proteção contra o mal (ver Olho de Hórus). Seus olhos viram tudo, até mesmo os sentimentos e humores do homem. Horus era o filho de Osiris e Isis, era geralmente retratado como um falcão ou como um homem com a cabeça de um falcão.

Kom Ombo

Horus era adorado no templo no Kom Ombo, onde seu nascimento e suas batalhas com Seth foram discutidos. O templo foi realmente construído para dois deuses: o lado oriental foi construído para o deus Sobek e o lado ocidental para Haroëris. Haroëris, com a cabeça de seu falcão, é uma das encarnações de Horus, e às vezes foi chamado de Horus, o Ancião. Horus sucedeu seu pai como rei do Egito, e assim cada faraó foi na verdade a encarnação terrena de Horus. Eles foram retratados com a coroa dupla.

Na parte ocidental do templo, uma tríade de pai, mãe e filho também era adorada, respectivamente: Haroëris (Horus o Ancião), Tasenetnefret (uma manifestação de Hathor ou Tefnoet; apelidado de "a Boa Irmã" ou "a Boa Esposa") e Panebtaoei (Sobek, apelidado de "Senhor das Duas Terras", um título do faraó).

Edfu

Horus também era adorado como Horus-Behedet em seu templo em Edfu. Os pilões do templo têm 80 m de altura. O templo atual foi construído no tempo dos romanos, mas na verdade foi construído sobre um templo que data do Novo Reino. Sua construção foi iniciada em 237 AC por Ptolomeu III e concluída em 57 AC por Ptolomeu XII. Não é apenas o templo mais bem preservado, mas também o segundo maior templo do Egito. Acreditava-se que o templo tinha sido construído no local da batalha entre Horus e Seth.

O templo também tinha um mamífero: um prédio relacionado aos rituais em torno do nascimento de Horus. Ela apresentou inúmeros relevos, incluindo a Festa do Magnífico Encontro, o encontro anual entre Horus e sua esposa Hathor. Os relevos estão localizados principalmente no interior do primeiro pilão e estão espiritualmente amarrados ao templo de Hathor em Dendera.

Durante o terceiro mês de verão, os sacerdotes de Dendera colocariam a estátua de Hathor em seu barque, levando a estátua ao templo de Edfu, onde se acreditava que Hathor fizesse uma visita conjugal a Horus. A cada noite, eles se retiravam para os mamíferos.

Outros centros de culto

Havia deuses similares no Egito em diferentes regiões, que haviam sido flanqueados e assimilados pelo culto de Hórus. Horus também era adorado junto com outros deuses. Portanto, não é fácil identificar uma região unificada como o centro de culto de Horus. O deus era adorado em todo o Egito, mas também em Núbia e também se tornou popular no mundo greco-romano antes da ascensão do cristianismo.

Alguns outros centros de culto foram:

- Tjaroe (Baixo Egito), a adoração de Horus de Mesen na forma de um leão e devido a sua conexão teológica com Edfu, Tjaroe é às vezes chamado de Edfu do Baixo Egito.
- Letopolis (Baixo Egito), a adoração de Kenty-irty.
- Athribis (Baixo Egito), a adoração de Kenty-khem.
- Gizé, adoração ao deus Harmachis.
- Hierakonpolis (Nechen, no Baixo Egito) era a cidade onde o deus Horus era adorado desde o período pré-dinástico.
- Boeto, como na cidade histórica de Pe, onde, segundo os Textos da Pirâmide, o deus Horus era adorado.
- Baki (Nubia) (Kuban), onde o chamado Horus de Baki era adorado.
- Boehen (Egito) e Miam (Núbia) (Aniba), onde o chamado Horus de Miam era adorado.

Khepri

O deus do sol da manhã

Chepri era um deus criador no Antigo Egito que mais tarde se tornou uma encarnação do deus sol Ra ou Re. Ele estava especificamente associado com o sol nascente. Seu nome significa *tornar-se* ou *acontecer* e, portanto, esse é o conceito filosófico por trás desse símbolo. Os egípcios acreditavam que o deus foi criado a partir de si mesmo. Portanto, ele não tinha pai nem mãe. Embora seja uma divindade muito arcaica, os amuletos com o escaravelho aparecem apenas no Reino do Meio.

Sua associação com o escaravelho de esterco ou escaravelho não parece óbvia, mas pode ser claramente explicada. Por um lado, eles empurram suas sementes para uma grande bola que empurram na frente deles. Isto é semelhante à órbita solar. Para os egípcios, sua associação com a auto-gênese provavelmente decorre do surgimento espontâneo de escaravelhos de esterco no esterco.

O deus Chepri era muito popular no Antigo Egito e encontramos numerosas representações do escaravelho de esterco na forma de amuletos, que supostamente protegiam os mortos das maldades, e pinturas nas paredes dos túmulos. O centro do culto de Chepri era em Heliópolis, a cidade do sol.

Os faraós freqüentemente usavam esta divindade em nome de seu rei. Exemplo (ver imagem abaixo): Neb-Cheper-oe-Ré, nome real de Tutankhamun, que significa: *Senhor das manifestações de Ra*.

Khnum

Também se soletra Khnemu, Khnoumis, Chnuphis, Chnemu, ou Chnum.

**Um deus da criação cabeça de carneiro que moldou o ser humano na roda
de seu oleiro**

Chnoem (ou Chnemoe) é um deus da mitologia egípcia. Ele é retratado
principalmente com a cabeça de um carneiro com chifres retos. Isto
reflete a era de seu culto, pois é uma imagem da mais antiga raça de
ovelhas chamada no Egito (Ovis longipes). Chnoem foi venerado em
vários lugares, principalmente em Elefantino, na fronteira sul do Egito, na
primeira catarata, que os egípcios viam como a nascente do Nilo, mas
também em Esna, onde se celebrava o *Festival* anual *da Roda da Olaria*.

A palavra para ram em egípcio é *ba* e essa palavra também significa algo
como personalidade ou espírito. Quando o deus chefe Ra viaja pelo
submundo à noite como 'ba', ele é freqüentemente retratado como um
carneiro e assim Chnoem é um aspecto do deus chefe, o Criador Cheperi-
Ra-Toem. Pelo menos era assim que os padres de Chnoem gostavam de
vê-lo.

Existe um mito no qual Chnoem desempenha um papel importante,
Chnoem e os sete anos de lean.

Khons

Um deus da cura, da fertilidade, da concepção e do parto

Chons, a criança da lua, era a criança de Amon e Moet na mitologia egípcia e era chamada de vagabundo porque vagueava pelos céus à noite (como a lua). Afinal de contas, seu nome significava *vagabundo* ou *viajante*.

Chons foi reverenciado pelo povo como um deus oráculo e um protetor contra doenças. Ele foi considerado como um aspecto (estágio de idade) de Horus. Seu principal local de culto é Karnak. Ele foi venerado em Tebas a partir do Velho Reino, mas é somente a partir do Reino do Meio que seu culto se torna importante em todo o país.

Os murais mostram Chons com as pernas fechadas e fechadas lateralmente (característica dos jovens), acompanhados por Horus, de pé sobre crocodilos. Ele também poderia ter sido retratado como um homem mumificado com uma lua crescente em sua cabeça. Normalmente, porém, ele era representado como um menino com uma mecha de cabelo, algo usado por todas as crianças.

Mont

Também se soletra Ment, Mentu, Menthu, Montu, ou Munt.

Uma divindade solar com cabeça de falcão, às vezes considerada um deus da guerra.

Mentoe (Montoe, Montu) era um deus da antiguidade egípcia. A divindade foi venerada desde a 11ª dinastia até os tempos greco-romanos.

Mitologia

Mentoe era um deus falcão, adorado em Tebas e arredores. Seu nome é mencionado pela primeira vez nos textos em pirâmide, mas o deus só se tornou realmente importante por volta da 11ª dinastia com seus governantes de Theban. Três governantes levam parte de seu nome: "Mentoe está contente" e o deus ganhou o status de deus nacional. O deus foi até identificado com Horus sob o nome: "Horus do braço forte", que deve se referir ao lado guerreiro do deus. No meio do Reino do Meio, Mentoe era visto como a antítese de Ra de Heliópolis e eles também eram adorados juntos: Ra-Ment-Ra. Da 12ª dinastia, a influência do deus diminuiu e Amon a substituiu, mas alguns faraós ainda lutavam em nome do deus Mentoe. As esposas de Mentoe eram a deusa Theban Tyenenyet e a deusa sol feminina Raet-Tawy.

Culto

Mentoe era adorado na região de Tebas, incluindo quatro grandes cidades do templo: Medamud, Karnak, Armant e Tod. Ele foi venerado por vários reis no Reino do Meio, no Novo Reino e na época greco-romana (Alexandre o Grande, Cleópatra VII).

Imagem

Mentoe tem sido retratado de várias maneiras ao longo da história. Originalmente um deus falcão, outras formas vieram com o tempo. Sua arma era um machado cerimonial. A rainha Ahhotep da 18ª dinastia retratou Mentoe como um grifo, provavelmente influenciado pela Síria. Às vezes o deus usa uma *coroa Chepresj* como arma como símbolo de guerra. Mentoe usa um disco de sol com um uraeus e com duas plumas de uma avestruz. Mentoe também podia ser visto sob o disfarce de um touro sagrado, Buchis, que também era adorado ali e em dinastias posteriores como um homem com cabeça de touro.

Nefertem

Também se soletra Nefertum.

O deus de cada manhã de criação do dia, associado com a flor de lótus

Nefertem é um deus do antigo Egito.

Mitologia

Nefertem é geralmente associado como deus dos perfumes por causa da flor de lótus acima de sua cabeça, também sua marca registrada, mas esta é apenas a segunda parte de sua natureza. A verdadeira razão pela qual ele era adorado era porque estava perto de Ra. Menciona-se o deus tão cedo quanto os textos em pirâmide, lá ele é referido como "a flor que está diante do nariz de Rá". Lá ele foi representado como o filho de Ptah e Sechmet. Outras cidades também reivindicaram o deus, em Boeto ele era o filho de Wadjet e em Boebastis ele era o filho de Bastet.

Culto

O deus era adorado em edifícios reais como templos e era visto como o temido filho do temido Sekhmet. Amuletos do deus foram feitos quando uma criança nasceu no terceiro intervalo. Eles deveriam proteger a criança de espíritos malignos.

Imagem

O deus é mostrado como um homem com uma flor de lótus na cabeça, às vezes o lótus tem duas plumas. O deus também é retratado como um leão em referência a sua mãe, às vezes o leão também foi mostrado com seu típico toucado. Às vezes o deus é visto como protetor das duas terras e é retratado com uma pequena cimitarra.

Ísis e Osíris

Deus do sol, da agricultura e da saúde. Sua rainha é Ísis, que também é sua esposa e irmã.

Isis (grega) ou **Aset** (antiga *Au Set* egípcia) é uma das principais deusas da mitologia egípcia. Primeiro adorada no Delta do Nilo, Isis recebeu mais tarde um templo na ilhota de Philae, entre outros lugares. Seu local de origem era o Iseum (atual Behbeit el-Hagar), o décimo segundo nomos egípcios do Baixo Egito.

Origem

Originalmente, Ísis é o nome de uma deusa padroeira do Delta do Nilo. Ela foi posteriormente assimilada a Wadjet, a deusa serpente do Baixo Nilo. Na união do norte do Baixo Egito e do sul do Alto Egito, foi ela quem também assumiu a identidade de Nekhbet, a deusa abutre do Alto Egito. Ela usava as asas de abutre em certas imagens.

Diodorus da Sicília relata em seus escritos que Isis foi reverenciado como o inventor da agricultura e também como um grande curandeiro. Ela também foi aquela por quem (ou sob quem) a lei da justiça foi estabelecida pela primeira vez na terra. Nesse sistema, foi prescrito *"que a rainha deveria ter maior poder e honra do que o rei, e que na vida privada a esposa também deveria ter autoridade sobre o marido, e que os maridos concordariam no contrato de casamento em ser obedientes a suas esposas em tudo".*

Isis sempre foi muito fortemente associada ao Nilo neste estado agrícola, a água fértil que vinha para irrigar a terra de acordo com o ciclo anual. Os templos foram colocados como mirantes, o que permitiu reconhecer os sinais no céu que coincidiam com a água de lavagem. Consequentemente, todos estes templos se voltaram para o sul. O templo mais importante de Ísis estava localizado na ilhota de Philae, no extremo sul do Nilo, ou seja, onde as águas do Nilo que sobem puderam ser detectadas mais cedo. Após a construção da barragem de Aswan e a formação do Lago Nasser, esta ilha foi submersa e o templo foi transferido para a ilhota de Agilkia.

Genealogia

Segundo uma história de criação egípcia, Ísis era filha de Geb e Nut, o deus da terra e deusa do céu. Isis ou Aset era irmã de seu marido Osiris (Egyptian *Oesir*) e de Nephthys e Seth. Horus é seu filho e simboliza o desaparecimento anual e a ascensão da vida, como visto na agricultura (ver também: Nascimento de Horus).

O costume de fazer bonecos do espírito do milho ainda hoje existe entre os Copts. Durante a Semana Santa, uma representação de Cristo na forma de uma múmia é colocada no altar de sexta-feira a domingo, rodeada de pétalas de flores e afins. As mulheres (não os homens) também ainda enchem os vasos com terra e semeiam sementes neles. Isto faz lembrar o jardim de Adonis. Na Sicília, tal vaso ("jardim de Adonis") era sempre feito na primavera, que depois era descartado.

Osiris, seu amante, foi ensinada por ela a agricultura.

Para a regeneração de Osíris, Isis é importante como a força ativa que faz o corpo de Osíris, que foi cortado em 14 pedaços, novamente um só. Essa é sua ressurreição como Horus. O simbolismo é que Osíris tem que sofrer e morrer para que vivamos: o trigo é malhado, moído e assim por diante e reavivado através da semente no ano seguinte. O pão desempenha um grande papel no culto de Isis, assim como o vinho (o sangue de Osiris).

Atributos e função

49

Isis era conhecida como uma deusa da fertilidade e uma amante da magia, até mesmo enganando Ra no mito de Ra e Isis. Seu marido Osíris, entretanto, foi morto por seu irmão Seth e seu cadáver desmembrado. Isis, ajudada por Anubis, o deus chacal que inventou o embalsamamento, recolheu as peças e através de sua magia conseguiu engravidar de um filho, Horus, que vingaria seu pai e ocuparia seu lugar no trono. Osíris se tornou o governante do reino dos mortos e Isis estava permanentemente atento a ele. Existe (no quarto papiro Sallier) uma versão do mito da batalha entre Horus e Seth, na qual Isis tentou salvar seu irmão - apesar de suas más ações. A partir daí, Horus ficou enfurecida e cortou a cabeça. Mas Thoth substituiu a cabeça de Isis pela cabeça de uma vaca. A vaca era o símbolo do amor.

Os faraós da 1ª dinastia se autodenominavam descendentes de Ísis. Os faraós femininos também aparecem. Ísis e Osíris foram modelos posteriores para a realeza egípcia. Um rei preferiu casar-se com sua irmã; sobre sua vida, ele era um Horus, e escreveu um de seus nomes com o falcão Horus acima dele. Com sua morte, ele se tornou um Osíris e adorado como tal.

Característica de Ísis é o trono, o *Mu'at.* no qual ela geralmente toma seu lugar, que por si só simboliza a deusa e aparece no hieróglifo de seu nome. É um sinal de poder e autoridade supremos. O nó de Ísis também é característico. Este é um tipo de erro no manto que simboliza a estreita relação entre a terra e o céu, e também foi usado por suas sacerdotisas.

Com o tempo, Isis adotou os aspectos e atributos de outras deusas, tais como Selket, Hathor, Neith e Noet, para uni-las em uma única divindade.

Atributos dos quais ela tem em comum com outras deusas:

- a Âncora, símbolo da fertilidade e da vida eterna;
- O sistrum e o colar *menat* de Hathor;
- O disco de sol com os chifres de touro de Hathor;
- a peruca de cabelo com a forma das asas dobradas de um abutre, atributo das deusas do céu, sendo Nekhbet o primeiro;
- freqüentemente a imagem do trono, símbolo de poder, acima da cabeça ou como um sinal em si mesmo para denotá-la
- o cetro de *cera* e o caule de papiro em suas mãos;
- o *Mu'at,* trono como símbolo no hieróglifo de seu nome e que ela usa na cabeça.

A partir do Novo Reino, ela é indistinguível de Hathor. Fala-se então de Isis-Hathor. Ambos usam o mesmo cabeleireiro (cabeça de vaca com disco de chifre de sol descansando sobre uma coroa de serpentes uraeus, e uma peruca em forma de abutre.

Isiscultus

Locais famosos de origem do culto de Isis foram Taposiris Magna, no delta norte, que estava conectado a Alexandria por uma estrada processional de 45 km de extensão, e Philae, a ilha mais ao sul do Alto Nilo, onde a lama fértil inundou a terra pela primeira vez. Plutarco descreveu como o sarcófago no qual Osíris estava preso por seu irmão Seth desempenhou um papel importante no ritual. O fechamento da tampa simbolizaria o desaparecimento da água. Este ritual é retratado no mosaico do Preneste.

Após a conquista por Alexandre o Grande em 332 AC, o culto de Ísis também foi transferido para o mundo helenístico. A partir do século II a.C., seu culto começou a se espalhar pelo Mediterrâneo nas mãos de comerciantes e marinheiros, assim como pela Panônia, Gália até o Reno e Bretanha. Como o Demeter da Elefsina, Isis concedeu a imortalidade àqueles iniciados nos cultos misteriosos. Na Grécia, ela era frequentemente equiparada a Demeter. Plutarco deixou a descrição mais abrangente do mito de Ísis e Osíris, mas ele escreve sobre um culto que foi sujeito a muitas mudanças durante o tempo dos Ptolemies, especialmente sob influência grega. Este historiador grego descreve a deusa como "*O princípio feminino da natureza*". Ela foi chamada por inúmeros nomes, segundo ele, pois "se *transforma* facilmente *em isto ou aquilo*" e é "*suscetível a todos os modos de forma e forma*".
 Na época romana, de 80 a.C. até o século VI, o culto de Ísis era extremamente popular e, portanto, certamente não mais limitado ao Egito e à Grécia. Seu culto se aplicava, segundo Fr Cumont, "de Alexandria a Arles e dos confins do Saara às Ilhas Britânicas, das montanhas das Astúrias às colinas do Danúbio". Nos mistérios romanos, ela foi invocada como "*Aquele que é Tudo*". O imperador Gaio (apelidado de Calígula) construiu um templo para Ísis. O Imperador Domiciano mandou construir um templo para ela em Benevento.

Sua adoração foi acompanhada de muitos rituais e músicas bonitas, incluindo o uso de irmãs, uma espécie de guizo de cordas, que ainda hoje é usado na Etiópia. Em Roma, o culto de Ísis e o culto de Cibele coexistiram. O culto de Ísis era muito mais silencioso, semelhante ao culto de Demeter. Demeter era a deusa dos cereais, identificada com Ceres entre os romanos. As pessoas comiam pão contaminado com o fungo do 'ergot' (gangorra) que basicamente produzia LSD, daí o êxtase e a dança. Da mesma forma, o instrumento musical (sistrum) tornou-se um símbolo de Hathor. Este instrumento ainda hoje é utilizado na Igreja Copta. O sistrum pode ser combinado com um pilar que não seja muito alto (por exemplo, o Templo do Hateh-Sut).

Isis foi freqüentemente representada com Horus, seu filho menor, no colo. A pesquisa sustenta que, durante a cristianização, esta imagem foi adotada pelo cristianismo como a Madonna e a Criança. Os santuários foram transformados em igrejas cristãs.

No Egito, sua adoração continuou até 552 DC, quando o Imperador Justiniano mandou fechar o templo.

No Baixo Egito, até então, apenas o culto de iniciação iraniano posterior de Mitra havia superado o dela em número de seguidores. Este último era principalmente um culto aos soldados.

Ísis e outros povos

Finalmente, mesmo além das fronteiras egípcias, Isis se tornou muito popular e foi assimilada com outras deusas de acordo com seu aspecto. Pelos gregos, Isis foi identificada com Demeter e Afrodite e muitas outras deusas. Na Roma antiga, um culto popular de Ísis surgiu durante o tempo de Júlio César, levando à sua propagação por todo o Império Romano (testemunhe as numerosas figuras de terracota dadas como presentes de casamento). Um templo Isi completamente escavado pode ser visitado em Pompéia.

Sabe-se que o serviço de Isis também era praticado na Inglaterra na época romana. Um templo Isis em Londres às margens do Tamisa e um altar Isis em Chester atestam a existência desta religião nas Ilhas Britânicas naquela época. Talvez a Deusa Danu, a divina capataz da Tuatha de Danaan da Irlanda (seja ou não relacionada à Diana Romana, à Dione Grega e à Danu Indiana), tenha formado a base para o culto que foi rotulado de Culto de Bruxa.

A Ísis está na origem de muitos mitos da humanidade, em torno dos quais se desenvolveu uma tradição viva e que foi expressa em muitas obras de arte e literatura.

Paralelos no catolicismo e na ortodoxia

Vários pesquisadores acreditam que o culto islâmico influenciou o desenvolvimento do culto cristão da Virgem Maria no final dos tempos romanos. Testemunhos indicam que isto permitiu à Igreja Católica atrair para suas fileiras um grande número de crentes que haviam aderido anteriormente ao culto de Ísis, e que estavam dispostos a se converter na medida em que uma figura feminina parecida com Ísis estivesse disponível para focalizar sua fé anterior. Iconograficamente, pelo menos, as semelhanças entre a Isis sentada amamentando seu filho Horus e as numerosas Madonas, que retratam a Maria sentada segurando seu filho Jesus em seus braços e possivelmente amamentando, são impressionantes. Há também um paralelo entre a virgindade de Ísis e a de Maria. Também foi dito a Isis que a concepção era não-física, e assim ela deu à luz a Horus como virgem, assim como na mitologia frígio o deus Attis descende da mãe virgem Nana.

Mesmo que a *Virgem Maria* não seja adorada (mas venerada) no catolicismo e na ortodoxia, ela ainda desempenha o papel de uma figura materna sempre presente de uma forma que se assemelha à do culto a Ísis que prevaleceu no passado.

Pensa-se que a adoração das *Madonas Negras* é um resultado tardio do culto da Ísis na Baixa Núbia, onde a Ísis Negra de Filae era originalmente adorada.

O culto mariano nos ortodoxos e até mesmo na tradição anglicana é muitas vezes subestimado. Os ícones tradicionais ainda são populares no rito ortodoxo contemporâneo. Ver também cristianização e sincretismo.

Osiris

Osiris é uma divindade da mitologia egípcia. Ele é o filho de Geb, deus da terra, e sua irmã Noet, deusa do céu. Ele se tornou rei do Antigo Egito depois de Ra. Sua esposa, que também é sua irmã, é Isis. Com ela, ele pertence à Ennead (os Nove) de Heliópolis. Seu filho é Horus. Segundo histórias antigas, Osíris tinha descido do céu e sucedido seu bisavô Ra como faraó (rei) do Egito.

No Egito antigo, ele era um deus muito popular, incorporando traços de todos os tipos de deuses. Ele cresceu em importância e se tornou um dos maiores e mais importantes deuses do Egito. Sua morte é descrita em uma das mais famosas histórias de deuses do Antigo Egito: O *Mito de Osiris.* Osíris tornou-se deus dos mortos e da vida eterna no além. Representações do faraó submetidas à determinação do destino de Osíris (a pesagem do coração, ou a pesagem da alma eterna/de Deus) podem ser vistas em todas as câmaras funerárias dos faraós. Muitos ergueram uma estela na tumba de Osíris em Abydos ou tiveram sua múmia transportada para lá, a fim de compartilhar o destino de Osíris. Cada morto se tornou um Osiris, ou seja, uma pessoa ressuscitada dos mortos, um renascido.

Rei divino

Desde cedo, ele foi associado ao deus Andjeti de Busiris, no delta, um deus dos criadores de cabras de lá. Dele, Osiris derivou os atributos do pessoal do pastor e do flagelo (flagelo). Em analogia com os Ogmyos celtas, que carregavam atributos correspondentes, respectivamente a Taça da Salvação (= o pessoal do Herder) e o clube (= o flagelo). Como um "bom pastor", Osíris era o rei deus cum King-Priest. Diz-se que ele realmente reinou como rei nos tempos pré-históricos, tendo sido morto por seu irmão inimigo Seth, que queria confiscar a herança, mas tendo sido vingado por seu filho Horus. Inúmeros foram os mitos que rodearam este evento.

Segundo as histórias de criação de Heliópolis (a cidade do sol), Osíris foi o herdeiro direto do deus criador Ra-Atou e, portanto, seu legítimo sucessor no trono terrestre. Na "era dourada", o próprio Ra foi rei na terra, mas após a rebelião dos humanos e a destruição parcial da humanidade pelo olho de Ra "Hathor-Sechmet", Ra criou o submundo e se tornou um deus do céu, navegando diariamente em seu barque ao longo do cofre celestial. Antes de se tornar o deus do submundo, Osíris era assim um rei divino na Terra, segundo o mito. Todos os dias, à sexta hora da noite, Ra e o deus do submundo Osíris estão brevemente unidos em Ra-Osiris. Esta história de criação também retrata uma representação profética da atualidade de hoje, ou seja, a transição do quarto para o quinto mundo, a Era Solar de Aquário (a Cidade do Sol).

Deus da agricultura e da fertilidade

Osíris aprendeu agricultura com sua irmã e amada esposa Isis (a agricultura teve origem em algum momento do 10º milênio a.C. após a última era glacial). Osíris era o deus da ressurreição e da fertilidade. Seus festivais (que aconteciam ao redor do festival da semeadura e da colheita) eram freqüentemente cercados por rituais de fertilidade nos quais os grãos desempenhavam um papel importante. O símbolo Djed, ao qual Osíris está freqüentemente associado, representava a Árvore da Vida. Seu topo tem quatro saliências. Cada um deles simboliza um (1) mundo. Hoje, chegamos ao fim do quarto mundo. Diz-se que o símbolo tem suas origens em um antigo ritual da natureza integrado com o deus Chentiamentioe, no início da religião egípcia. Este deus de Abydos foi posteriormente assimilado ao deus Osíris. Sempre que há um casamento combinado com um relacionamento incestuoso, a intenção é envolvida. As pessoas conheciam os perigos de tais relações tão bem quanto o fazem hoje. Portanto, quando uma criança nasce dela, trata-se sempre de uma criança santa, nascida de novo. (Em analogia: a história do nascimento de Jesus).

Isto aponta para Osíris como deus da vegetação. Ele se manifestou no grão, que está enterrado na terra, mas pela força criativa espontânea sobe e dá frutos na espiga germinando. Nos chamados Mistérios de Osíris, o corpo de Osíris foi vigiado e uma estátua de Osíris foi feita com lama e grãos secos do Nilo. Quando umedecido, o grão se embotou; um símbolo de vegetação moribunda e ascendente (ver também boneca de grão).

Osiris deve sua tez preta ou verde ao lodo preto do Nilo e aos cultivos verdes, que se elevam a partir dele. Como a constelação Orion, Osiris foi responsável pela inundação anual do Nilo.

Deus da Lua

Osíris era, além disso, deus da lua em declínio e da lua em cera e da inundação do Nilo. Às vezes o deus Iah ("lua") está associado a Osiris, criando uma divindade mista: Osiris-Iah. O ciclo lunar está assim ligado ao aspecto de regeneração de Osiris. No mito da batalha entre Horus e

Seth, o corpo de Osíris é cortado em 14 partes, um número
correspondente ao número de dias da "lua de cera". Após esses 14 dias,
a "lua cheia" retorna ao céu.

Naquela batalha entre o filho de Osíris, Horus, e o irmão de Osíris, Seth
(deus da desordem), Seth feriu o olho esquerdo (lua) de Horus, mas Thot
conseguiu curá-lo. Horus então ofereceu a Osíris seu olho restaurado
(Wedjat, 'o imaculado') para que ele pudesse viajar com ele com
segurança para o além. O dano e reparo do olho esquerdo de Horus está
associado ao ciclo lunar mensal. O olho Wedjat é assim um forte símbolo
de regeneração e continuidade, e muitos amuletos foram feitos,
especialmente para ajudar pessoas falecidas, como Osíris antes deles, a
alcançar o Doeat (a vida após a morte). Eles são frequentemente de
faiança verde (ou azul), em conexão com a ressurreição de Osíris no
outro mundo. O verde é a cor da cultura que se eleva novamente da argila
preta do Nilo. Portanto, Osiris tem uma tez verde, ou preta.

Deus em ascensão

Osíris também foi freqüentemente identificado com o deus Vienna-nefer,
"que é constantemente jovem", o que é apropriado para um deus
moribundo e revivificador, caracterizando muitas estátuas de Osíris deste
deus, de outra forma mumificado; um claro exemplo de ressurreição após
um período de morte ou sono simbólico.

A garça Benoe é um dos animais divinos de Osíris, e por isso é
representada como uma garça com uma coroa de garça, entre outras
coisas. A garça cinza simboliza a Fênix, a ave que se levanta de suas
próprias cinzas e nasce de novo de um ovo. Outro animal sagrado de
Osíris é o touro Apis, que simboliza tanto a fertilidade quanto a vida após
a morte.

Deus do submundo

Osíris também foi o governante do Doeat, o submundo ou Reino dos
Mortos. Os egípcios acreditavam que ele residia em um palácio no oeste,
pelo qual os mortos tinham que passar primeiro. Ele era o presidente do
Supremo Tribunal de Justiça, assistido por 42 assessores. Em cada
passagem, os servos de Osíris com cabeças de animais estavam de pé,
testando os mortos, como descrito no Livro Egípcio do *Amdoeat* Morto.
Na passagem da 6ª e 7ª hora, os mortos chegaram ao trono de Osíris.
Aqui seu coração seria pesado contra a Pena da Verdade de Maät (deusa
da ordem cósmica). Se o morto tivesse levado uma boa vida, o coração

estava mais leve e Osíris permitiu que ele entrasse no Campo Jaru, a vida após a morte egípcia. Entretanto, se o coração era mais pesado que a pena, por causa de todos os pecados, o coração e a pessoa morta eram comidos por um monstro, o 'Comedor da Morte' Ammoet ou Amemet. Ammoet tinha a cabeça de um crocodilo, as pernas dianteiras de um leão e o abdômen de um hipopótamo.

Origem

A origem de Osíris como deus do reino dos mortos vem de sua assimilação (em torno da 3ª ou 4ª dinastia) do deus da necrópole em Abydos: Chentiamentioe (também Khontamentiu, Khentamenti, Khontamenti, Khenty Amentiu, Khenti Amentiu). Este deus da morte ajudou pessoas falecidas a viajar para a terra no oeste, e ele foi o condutor do sol durante as viagens noturnas.

O primeiro templo em Abydos foi dedicado à Chentiamentioe. A associação com Osíris foi tão cedo na história que quase ninguém se lembrava de onde seu papel, como deus do reino dos mortos que julga todos os falecidos, originalmente veio.

Festa de nascimento

Durante o auge do festival Choaik, em 26 Choiak (28 de dezembro), os egípcios celebraram o (re)nascimento de Osíris como Sokaris, o radiante sol da manhã, trazendo nova vida ao Egito. O zodíaco do templo da deusa Hathor em Dendera mostra a posição das estrelas em 28 de dezembro de 47 AC, quando era lua cheia, o símbolo da ressurreição de Osíris e 26 Choiak, ou a festa do renascimento de Osíris.

O mito de Osiris

O irmão de Osíris era Seth. Seth tinha ciúmes de seu irmão porque ele era rei. Então, ele inventou um estratagema. Ele fez um caixão e através de uma mentira, Osíris teve que "rastejar" para dentro dele. Seth então fechou a arca e jogou-a no Nilo, mas Isis encontrou a arca novamente. Seth ficou furioso e cortou o corpo morto de Osíris e o jogou pelos cantos mais distantes do antigo Egito. Isis (esposa de Osíris) viajou por aí durante anos em busca dos restos mortais de seu marido. Após uma longa busca, ela encontrou as partes do corpo, exceto seu órgão sexual (que havia sido engolido por um peixe e substituído por um órgão sexual de madeira), e as mumificou em um só. Osiris esteve lá o tempo suficiente para ser pai de outro filho: Horus. Este último tornou-se rei do Egito após uma longa batalha com Seth.

Fontes

Embora o mito de Osíris seja bem conhecido e tecido em todos os tipos de contextos, ele não existia de forma narrativa detalhada no Antigo Egito, pelo menos nenhum vestígio dele foi encontrado (ainda).

Certos elementos do mito aparecem tão cedo quanto os primeiros Textos em Pirâmide do Velho Reino. No Reino do Meio, há referências ao mito nos textos do sarcófago e no Novo Reino no Livro dos Mortos. Outras fontes incluem a *Pedra Shabaka do* Antigo Egito e o texto *Batalha entre Horus e Seth* em Papiro 45.

A versão mais completa do Antigo Egito, o *Grande Hino de Osíris*, é preservada em uma lápide de um alto funcionário, Amenmose, da 18ª dinastia (aproximadamente 1500 AC). Esta narrativa não fornece todos os detalhes. Por exemplo, não está claro como a criança Horus foi concebida. Uma tradução holandesa nunca foi feita, mas duas traduções inglesas foram feitas:

Os relatos detalhados ocorrem apenas nas obras de não-Egípcios: O pensador grego Plutarchus (46-120 d.C.) compilou o mito mais completo de Osíris em seu livro *De Iside et Osiride*. Dizem que ele baseou seu trabalho principalmente nas tradições orais do mito e nas obras escritas anteriores de Diodoros da Sicília e Heródoto. O trabalho tardio de Plutarco (do primeiro século d.C.) contém muitas informações adicionais não encontradas em fontes egípcias antigas egípcias e muita "gregosização". A versão de Plutarchus é a mais citada na literatura contemporânea. Entretanto, há uma diferença substancial entre o pensamento grego e egípcio.

A título de exemplo: Plutarco, em seu relato, menciona o nascimento de Horus - o filho de Osíris e Isis - mesmo durante a vida de Osíris. Um alívio no templo do faraó Seti I (19ª dinastia, 1294 - c. 1279 a.C.) fala da concepção de Horus após a morte de Osíris. Em outro mito, diz-se que Horus foi concebido por Ísis e Osíris, como irmão e irmã, ainda no útero. Assim, tanto Osiris, Horus, Seth, Isis e Nephthys nasceriam sucessivamente da Noet nos cinco dias extras do ano acima dos 360 dias predominantes, isto devido à maldição de Ra, o deus sol, que os filhos da Noet não poderiam nascer em nenhum dia de nenhum ano.

As variações egípcias antigas dão episódios alternativos, que estão faltando em Plutarco; os Textos da Pirâmide mencionam vagamente que Isis e sua irmã Nephthys reúnem as "partes" de Osíris; o *Grande Hino de Osíris* afirma que Isis usa suas asas para "criar fôlego para Osíris", de modo que ela possa conceber o corpo de Osíris é mumificado, muitas vezes com a ajuda de Anoebis e Thot, e assim Osíris se torna a primeira múmia, o que explica o aparecimento do deus (em mortalhas); quando Horus envelhece, ele é recebido pelo Ennead no tribunal de Geb, o pai de Osíris e Seth, e segue-se uma audiência judicial; em algumas versões, como parte do processo judicial, ocorrem duelos entre Horus e seu tio Seth, tais como uma regata de barco. No final, Horus é coroado pela corte dos deuses como o legítimo sucessor de Osíris. Os faraós terrestres assumem então esse papel de rei legítimo de Horus. E quando o rei morre, ele se torna Osíris e seu sucessor é novamente associado a Horus.

Versão longa

"O mito de Osíris é a história mais famosa do antigo Egito e trata de sua morte e ressurreição - um tema que reflete o ciclo diário do 'morrer' do sol ao pôr-do-sol e seu 'nascimento' ao nascer do sol. Osíris não era apenas deus da realeza e a força vital do faraó, ele era a personificação da fertilidade da terra e do espírito do ciclo vegetativo. Como governante do reino dos mortos, ele deu nova vida àqueles que tinham ganho a imortalidade através de sua pura caminhada de vida".

Osiris nasceu de Geb, a terra, e Noet, a deusa do céu. Como rei do Egito, ele era justo e estabelecia leis para seu povo. Ele conhecia não só a fama, mas também a inveja. Seu trabalho como rei significava que ele tinha que viajar muito. De volta de uma de suas viagens, Osíris, liderado por seu irmão Seth, foi recebido em um banquete por 72 conspiradores. Durante esta refeição, Seth exibiu um lindo e ricamente decorado caixão. Após todos terem admirado o caixão, Seth prometeu dar o caixão para quem cabesse dentro dele, dizendo que ele era o deus mais poderoso. A partir daí, todos eles se revezaram para se deitar no caixão. Ninguém encaixou. Quando foi a vez de Osíris, ele entrou no caixão e se esticou dentro dele. O caixão era exatamente do seu tamanho. Os conspiradores se amontoaram ao redor do caixão, pregaram a tampa e jogaram o caixão coberto de chumbo para dentro do Nilo. Quando Isis ouviu o que havia acontecido com seu marido, ela cortou uma de suas fechaduras e se vestiu com roupões de luto.

Após a morte de Osíris, Seth governou o Egito como um governante cruel. Isis fugiu e se escondeu no Delta do Nilo. Enquanto isso, o caixão contendo o corpo de Osíris havia sido atirado pelas ondas na costa de Byblos. Um jovem cedro o cercou e se transformou em uma bela e grande árvore. O rei de Byblos admirava a árvore, cortava-a e escorava o telhado de seu palácio com seu tronco.

Deuses e demônios espalharam esta mensagem e assim ela chegou à atenção de Isis. Para garantir que ela - uma deusa - pudesse entrar no palácio, Isis inventou um ardil. Ela foi para Byblos e sentou-se ao pé de uma mola. Ela não falou com ninguém, mas cercou os criados da rainha com cuidado; ela trançou seus cabelos e embalsamou sua pele com o cheiro que ela mesma espalhou. Quando a rainha viu seus criados, ela mandou chamar Isis e a empregou. Ela recebeu a tarefa de cuidar do bebê da rainha. À noite, Isis se transformou em uma andorinha e voou ao redor do pilar carregando o corpo de Osiris. Espiada pela rainha, a verdadeira natureza de Ísis tornou-se conhecida. Com medo de ter ofendido uma deusa, a rainha ofereceu a Ísis para fazer algo do reino dela mesma. Isis escolheu o grande pilar de cedro esculpido do palácio e o cortou pela metade com todas as suas forças. Dentro do pilar estava o caixão que continha o corpo de Osiris. Ela colocou o caixão em um barco, levou o filho mais velho do rei e zarpou. Pela manhã, um vento sombrio levantou-se do outro lado do rio Phaidros. Isis se inflamou com raiva e evaporou as águas do rio em seu leito. Chegando em uma região deserta, ela abriu o caixão e beijou seu falecido marido. O filho do rei olhou para ele, mas em sua ira Isis lançou um olhar terrível sobre ele. A visão disto foi demais para ele e ele morreu. Isis escondeu o caixão com o corpo de Osíris nos canaviais do Nilo.

Caçando à luz da lua, Seth encontrou o caixão. Ele cortou o corpo em 14 pedaços e os espalhou por todo o Nilo. Quando Isis descobriu o caixão vazio, ela fez o possível para recuperar as partes do corpo espalhadas. Ela os encontrou todos, menos um; seu membro masculino. O símbolo de sua vitalidade foi perdido. Usando sua magia e um galho ou galho no lugar de seu membro, ela conseguiu fazê-lo conceber uma criança, Horus. Após seu nascimento, ela escondeu Horus perto de Boeto nos pântanos do Delta do Nilo, onde ele foi magicamente protegido por sete escorpiões venenosos. Voltando a Osíris, Isis embalsamou e mumificou seu marido, e assim Osíris, destinado por Rá a ser Rei dos Mortos, obteve a vida eterna.

Depois que Horus atingiu a maioridade, ele visitou Seth e reivindicou o trono como seu legítimo sucessor. Seth rejeitou a demanda. Após uma longa batalha, Horus derrotou seu tio e sucedeu a seu pai Osíris como Rei dos Vivos.

Orion

Sirius, a *Dog Star* é a mais importante das estrelas do céu do sul. É a estrela mais brilhante do céu noturno e sua ascensão, após 70 dias de invisibilidade, coincide com o início da Inundação do Nilo no final de julho e marca o início do novo ano. De acordo com a mitologia egípcia, a inundação do Nilo é o fluido corporal do Osíris morto e mutilado. Sua viúva Isis está desesperada para encontrar seu cadáver. Na mitologia, Sirius é a deusa Sopdet, associada a Ísis, e a constelação Orion, que se move ao longo do céu noturno pouco antes de Sirius, é Osíris. Os egípcios retrataram Orion como um homem, olhando para trás em desespero, seguido por sua esposa Ísis (Sirius).

Serapis

Quando os gregos governaram o Egito como Ptolemies após a conquista de Alexandre o Grande, vários deuses gregos importantes, como Zeus e Hades, se uniram aos Osíris egípcios e ao touro Apis. Isto criou o "novo" deus Serapis, que tanto gregos quanto egípcios podiam adorar, como uma forma de unir os dois povos diferentes havia sido procurada. Depois, as cidades receberam também os nomes gregos que conhecemos hoje. Os deuses egípcios eram associados aos deuses gregos, como o grego Hermes e o egípcio Thot; o grego Pallas Athena e o egípcio Neith. Serapis tinha uma aparência grega, com cachos exuberantes e uma grande barba. Em Alexandria, uma estátua de dez metros de altura foi erguida para ele em seu novo templo.

Ptah

O arquiteto cósmico, um deus das artes, ofícios e ofícios, e um protetor dos artesãos

Os gregos identificaram Ptah com seu deus Hefesto, e os romanos o identificaram com Vulcano.

Ptah, também soletrada como **Peteh** foi na Mitologia Egípcia do Velho Reino a deificação do mundo primordial na cosmogonia Enneadiana, que foi literalmente chamada de Ta-tenen com o significado de *terra elevada*, ou como *Tanen*, com o significado de *terra inundada.*

Era a divindade local da cidade de Memphis, que foi a capital por muito tempo no Velho Reino. Há uma versão da história da criação egípcia na qual não o deus sol Ra é o deus da criação, mas Ptah. Esta versão é imortalizada na Pedra de Palermo que uma vez enfeitou o templo de Ptah em Memphis. Este santuário foi chamado de *Hwt-ka-Ptah* ou "Casa do Espírito de Ptah".

Ele é o companheiro de Bastet e seu aspecto feroz Sechmet e é retratado como um homem alto com roupas bem ajustadas e um toucado estreito. Ele carrega uma equipe que combina o sinal Djed, o cetro Was e o sinal de âncora. A partir do Reino do Meio, ele também recebeu uma barba clara.

Ptah é o oleiro entre os deuses e também o portador da forja e da escultura. Ele criou a humanidade na roda de seu oleiro e está sempre ao lado da humanidade. Ele os formou a partir do barro e soprou neles uma centelha divina (compare Gênesis). Também é dito que ele criou o mundo "*com pensamentos de seu coração e palavras de sua língua*".

Depois Ra o sucedeu, depois Shu, Geb, e Osiris. Então Seth tomou o poder, mas foi derrotado por Horus.

O nome em transcrição como *Ḥwt-k3-Ptḥ* (de *Hwt-ka-Ptah* ou *Hat-ka-Ptah* "templo do Ka de Ptah") foi traduzido para o grego como 'Αι γυ πτος' ou 'Aeguptos'. Na Grécia antiga, com o tempo, o nome deste santuário passou para toda a região: é o nome do Egito.

As pessoas consideravam Imhotep, que construiu a pirâmide de degraus, como sendo seu filho.

No Velho Reino, seu culto se fundiu com o do deus falcão Sokar ou Sokaris. Desta combinação surgiu o deus funerário **Ptah-Sokar**. Naturalmente, esta divindade adotou gradualmente os atributos do deus funerário Osíris. Isto deu origem a **Ptha-Sokar-Osiris**, cujas efígies eram frequentemente dadas como presentes de túmulo a particulares.

Os antigos gregos o incluíram em seu panteão sob o nome de Hephaistos.

Re

O deus supremo sol, pai de toda a criação sob a forma de Atum

Ra ou **Re** é o deus sol da mitologia egípcia. Ele era um dos deuses mais venerados e importantes da mitologia egípcia. O deus estava principalmente associado a outros deuses. Na mitologia egípcia inicial, ele tinha em parte o disfarce de um falcão, tornando-o Re-Horakthy (Re, Horus do horizonte). Como o sol da manhã, ele foi associado com Chepri e como o sol da noite com Atum. Ra permaneceu importante ao longo da história do Egito faraônico. O deus era geralmente o ponto focal nos textos religiosos e nos mitos da criação.

Ao longo da história foram atribuídos múltiplos papéis ao deus.

- *Governante do céu*. O *Mito da Vaca do Céu* diz que na era dourada perfeita, quando não havia dia ou noite, Ra habitava na terra com os outros deuses e os deuses e os humanos viviam em harmonia. Entretanto, quando Ra ficou velho demais para governar a terra e a humanidade se rebelou contra ele, Ra, após consultar Noen (a água primordial), enviou seu olho Hathor-Sechmet para o mundo para destruir a humanidade. Ra lamentou no último momento e inventou um ardil com Shu and Thot para parar o olho. Ra criou um lago com cerveja de cor vermelha e porque o olho pensou que era sangue, o olho bebeu o lago e se acalmou. O olho mudou da feroz deusa leão Sechmet para a adorável deusa vaca Hathor. Assim, a humanidade foi salva dos efeitos devastadores do olhar de Ra.

Re então se aposentou nas costas da Noet (a vaca do céu), que foi erguida por Shu (o deus do céu), afastada de Geb (o deus da terra), tornou-se o alto céu. Ra então criou o submundo *Doeat* e se tornou o governante do céu. Ra agora começou sua jornada diária ao longo do cofre celestial. Lá, ele navega em seu barque dourado de cerca de 770 cúbitos (400 metros de comprimento) com Maät, outros deuses e às vezes o faraó ao seu lado. O barque de dia é remado pelas estrelas circumpolares (que nunca se fixam) e o barque noturno pelas decans (estrelas das semanas de dez dias do ano egípcio) e planetas. Em seu nascimento ou despertar diário, Ra leva o nome Chepri e é saudado por babuínos que choram ao nascer do sol. Entre outros, Shu e Heh (eternidade) apoiam Chepri durante sua escalada até o topo do céu. Por volta do meio-dia, Chepri navega com segurança ao redor do "banco de areia de Apophis" e segue viagem como Ra. Quando, como antigo deus sol Atum, ele morre ao pôr-do-sol, ele entra no submundo.

- *Governante da terra*. Um mito diz que o deus Ra já foi um faraó antes do tempo dos faraós pré-dinásticos. Muitos faraós cantavam hinos em que Ra fazia a terra aquecer e as colheitas crescerem (Akhenaten).
- *Ra no submundo*. Assim como o deus começa a viajar no céu com sua casca, ele faz o mesmo no submundo para ressuscitar os mortos. À noite, Ra morre no oeste como o antigo deus sol Atum. Após o pôr do sol, uma perigosa e rejuvenescedora viagem começa para Ra, muitas vezes na forma de uma múmia com cabeça de carneiro. Isto pode ser visto na *Ladainha do Re* e em vários livros do submundo, tais como o *Livro da Noite*. No submundo, ele é puxado por uma série de chacais e cobras de uraeus. Vários deuses, Ísis, Nephthys, Horus, Hoe (o comando falado), Sia (percepção), Wepwawet (abridor dos caminhos), Thot, até Seth (o deus da desordem), ajudam a completar a jornada. Assim, o equilíbrio entre o bem e o mal é mantido e o sol pode renascer como Chepri ao amanhecer. Ra é chamado de senhor da eternidade para esta viagem recorrente. Todas as noites ele encontra Apophis, que o ataca, mas cada vez que ele é derrotado sem nunca ser morto. O sangue de Apophis coloria o céu de vermelho todas as manhãs como prova de que ele foi derrotado novamente. Este também é importante para sua sobrevivência, e

tais demônios que ele também pode encontrar no reino dos mortos. No submundo, durante a sétima hora da noite, Ra é equiparado a Osíris como Ra-Osiris e adorado. Então a *ba* é unida com o corpo e o dia com a noite.

- *Ra como deus criador*. Muitas histórias de criação foram inventadas ao longo da história do Egito, como em Heliópolis, onde o deus Ra (primeiro Atum) criou o mundo. Ra também foi chamado de pai e mãe de todos os seres vivos. Durante o Novo Reino, Ra foi especialmente associado com o deus criador de Theban Amon a Amon-Re.
- *Ra como rei e pai do rei*. Na mitologia egípcia, a criação da realeza e a do mundo foram equiparadas. Dizia-se que Amon-Re era o pai dos reis e que os reis da 5ª dinastia do Egito eram verdadeiros filhos do deus Ra. Eles deveriam governar de acordo com a ordem ou *Maät*.

Origem

De acordo com o mito da criação Helipolitana, uma colina primordial (*Benben*) surgiu da água primordial (*Noen*). Sobre este primeiro elemento sólido, surgiu o Ra-Atoum. Ao 'cuspir ou masturbar-se', ele criou descendentes: duas crianças Shu (ar, luz) e Tefnut (umidade, às vezes igualada à atmosfera do submundo). Juntos, esses dois deuses primordiais tiveram dois filhos: o deus Geb (terra) e a deusa Noet (céu). Geb e Noet foram separados por seu pai Shu. Graças a Thot, o deus do conhecimento e da escrita, eles puderam passar os últimos quatro dias do ano juntos e então seus quatro filhos Osiris, Isis, Seth e Nephthys nasceram. Estes nove deuses formam a Ennead (os nove) de Heliópolis. De acordo com os egípcios, a colina primordial Benben está localizada na cidade de Heliópolis (cidade do sol) e o maior santuário de Ra também pode ser encontrado lá.

No entanto, a deusa vaca Hathor, a deusa mãe que tudo nutre, é geralmente considerada a mãe de Ra. Há também a idéia de que Ra nasceu da deusa do céu Noet. Isto é estranho porque, segundo o mito da criação Heliopolitana, Noet é sua neta. Da mesma forma, as deusas celestes vacas Hathor ("casa de Horus"), Mehet-weret (símbolo do oceano celeste através do qual Ra navega em seu navio-sol) e Ihet ("a vaca") também são consideradas como a mãe do deus sol Ra. Hathor não é apenas sua mãe, mas também sua filha.

Aparências

Ra foi adorado ao longo da história do Egito. Não é surpreendente que o deus tivesse aparências diferentes. O deus poderia ser adorado como um disco de sol Aton com uma cobra uréica e com ou sem asas estendidas. Mas principalmente Ra foi adorado na forma de um deus em um corpo humano e uma cabeça de falcão, carneiro e escaravelho com um disco de sol na cabeça. Ele poderia ser representado em vários animais: carneiro, escaravelho, fênix, cobra, touro celestial Mnevis, gato gato, leão e animais compostos.

Os outros nomes de Ra

Alguns deuses substituíram outros ao longo do tempo ou foram fundidos com outros. Então eles se tornaram um deus juntos.

A fusão de Rá com outros deuses

- Amon e Ra juntos se tornaram Amon-Ra.

- Horus e Ra juntos se tornaram Ra Horakhty

- Atoem e Ra tornaram-se Atoem-Ra juntos

- Osiris e Ra juntos tornaram-se Ra-Osiris

- Sobek e Ra tornaram-se Sobek-Ra juntos

Veneração

O deus sol foi mencionado pela primeira vez em nome de Raneb, um rei da 2ª dinastia do Egito. Os reis da 4ª dinastia em diante receberam automaticamente o título de Filho de Rá para sua longa linha de títulos. Ra foi adorado em seu centro Heliópolis e em todo o país até o fim dos tempos faraônicos. O deus Ra é até mencionado em textos copticos como na ordem: Jesus, o espírito santo e deus sol Ra. O deus era adorado por todas as camadas sociais, onde quer que ele apareça em textos mágicos.

Shu

Também se soletra Su.

O deus do ar

Shu é um deus da história da criação egípcia, um dos primeiros deuses criados pelo criador. Ele emergiu do Atum.

Ele era o deus do ar seco, enquanto sua irmã Tefnut representava o elemento molhado. Eles são irmão e irmã Geb e Noet e madrinha e padrinho de Osiris, Isis, Seth, Horus e Nephthys. Shu pertence à Ennead de Heliópolis, mas teve culto especial em Leontopolis, no Delta do Nilo. Shu é representado com uma forma humana sobre a qual há uma pluma. Ele fica muitas vezes entre Geb e Noet. Como a Atlas, ele apóia o céu.

Sebek

Também se escreve Sobek ou Sobk.

Um deus associado não apenas à morte e ao submundo, mas também como um aspecto do deus todo-poderoso Re-with eternal life for the pure of heart

O historiador grego Heródoto observou que Sebek também era adorado em um templo insular no Lago Moeris, no oeste de Al-Fayyum, bem como na cidade de Tebas. O culto ao crocodilo divino, especialmente como um oráculo, durou até a era do Império Romano.

Sobek ou **Sebek** é um deus da mitologia egípcia. Ele é o deus da água, o Nilo foi criado a partir de seu suor. Ele tinha a cabeça de um crocodilo e simbolizava a fertilidade do Nilo e o poder dos faraós. Sobek era o filho de Neith e era especialmente adorado em Fajum. A região tornou-se tão fortemente associada ao deus crocodilo que os gregos chegaram a nomear uma cidade próxima Crocodilópolis. Em tempos posteriores, Sobek foi visto como uma encarnação do deus Amon. Em imagens, ele é representado como um homem com cabeça de crocodilo ou um crocodilo (mumificado). Muitas vezes Sobek usa na cabeça o disco solar com uma cobra. Sinônimos: Suchos, Sebek, Sebek-Ra, Sochet, Sobk, Sobki, Soknopais.

Sobek e o Livro dos Mortos

O Livro dos Mortos egípcio menciona Sobek como o deus que ajudou Ísis no nascimento de seu filho Horus. Ele também foi considerado responsável pela proteção que Isis e sua irmã Nephthys proporcionaram aos mortos.

Thoth

Também chamado Djehuti, Djhuty, Dhouti, Zehuti, Tahuti, Zhouti, Techa, ou Thout.

Thoth é o deus ibis de sabedoria, inteligência e magia

Os gregos identificaram Toth com seu próprio deus Hermes e acreditaram que ele era a fonte de toda a sabedoria conhecida pela humanidade. Os gregos de Alexandria o identificaram como o mago Hermes Trismegistos ("o três vezes grande").

Thoth ou **Djehoety** era o deus egípcio da lua, a magia, o calendário, a escrita e a sabedoria. Segundo a mitologia, ele havia inventado a escrita e transmitido esse conhecimento à humanidade. Ele agiu no submundo ao pesar o coração, observando o veredicto de Maät e trazendo o falecido para Osiris. *O babuíno com o rosto bonito* era um epíteto para Thoth. Ele era considerado como o "autoconcebido" e "autoproduzido" que era *Um*.

Seu nome egípcio Djehoety ou Tehuti é derivado do nome mais antigo para 'ibis': *djehoe / tehu*.

Animais

Portanto, o animal sagrado de Thoth é o ibis, e seus atributos são a escrivaninha e o grifo. A associação com a ave é porque quando as inundações do Nilo, ibises retornam ao Egito, marcando um período no calendário. As canetas de escrita também foram feitas a partir de suas penas.

Ele também é freqüentemente retratado como um babuíno. O babuíno simboliza o sol nascente e a origem da criação. Estes animais fazem um som estridente em coro pouco antes do amanhecer, "anunciando" o deus sol Ra.

Maät

Thoth está com Maät no barque de Ra. De acordo com a mitologia egípcia, ele se originou com ela. Maät é a deusa que personifica a veracidade, a justiça e a ordem cósmica (egípcia: ma-at). Ela existe desde pelo menos o Velho Reino e é mencionada nos textos em pirâmide, ficando atrás do deus sol Ra. Maät pode ser considerada a contraparte feminina de Thoth. Em representações em múmias e tumbas, ambas estavam ao lado de Ra, de acordo com o mito em que ele se levantou do abismo de Noen (a água primordial). Assim, sua gênese coincidiu, incluindo a de Ra. À noite, como um deus da lua, Thoth é o delegado do deus do sol. Como um deus escriba, ele também é considerado o "secretário" de Ra.

Isis

Na batalha entre Seth e Horus, Isis tentou salvar a vida de seu filho Horus. Seth ficou tão irritado com isso que cortou a cabeça de sua irmã Isis. Thoth então curou Isis magicamente, dando-lhe uma cabeça de vaca.

Hermes

Seu principal centro de culto foi em Hermopolis Magna (egípcio: *Chemenoe*), onde duas estátuas maciças deste deus ainda são preservadas. A cidade deve seu nome grego ao deus Hermes, como em tempos posteriores Thoth foi identificado com ele e mencionado como

Hermes Trismegisto. "Trismegistos" (ou em latim "Ter Maximus"), como um epíteto entre os escritores clássicos, indica a grandeza de Toth e significa "três vezes maior". A ele foi posteriormente atribuído um escrito no qual os alquimistas confiavam.

Livros de Thoth

Segundo o historiador egípcio Manéto, Toth escreveu muitos livros, e o padre Clemente de Alexandria, no sexto livro de sua *Stromata*, mencionou 42 livros de Toth, contendo "toda a filosofia dos egípcios".

Deusa Fêmea

Anuket

Anuket (grego: **Anukis**) era uma deusa do sul do Egito e as cataratas.
Ela era adorada desde o Velho Reino em diante na região de Assuão,
onde era filha de Re. No Reino do Meio, ela se tornou deusa na tríade do
Elefantino, onde desempenhou o papel de criança. Anukis foi adorado
junto com Chnoem e Satet em Elephantine e Aswan. No sul do Egito, um
templo da deusa estava na ilha de Seheil. Ela era adorada na Baixa Núbia
junto com outros deuses. Vários nomes enfadonhos contendo a palavra
"Anukis".

Festival

Anuket teve seu próprio festival que começou quando o Nilo começou a
subir. Depois as pessoas jogaram moedas, ouro e jóias no rio. Isto foi em
gratidão pela vida que o rio lhes deu. Havia um tabu ao comer certo tipo
de peixe que era considerado sagrado.

Papel

É difícil estabelecer qual foi seu papel. Ela era mais a mãe do rei, mas
também poderia ser uma deusa da guerra se ela estivesse associada a
Hathor. Na era Ptolemaic, Anuket tornou-se a deusa da fertilidade. Isto
porque ela deu fertilidade na forma do Nilo.

Significado do nome

O nome é difícil de interpretar, mas teria algo a ver com *abraçar*. Isto
poderia então ser tanto um abraço materno quanto um estrangulamento
mortal. Este duplo significado poderia possivelmente indicar a natureza
dupla de Hathor, com a qual ela foi equiparada em Tebas. Em qualquer
caso, foi atribuído a Anukis um papel maternal mítico para com o faraó e
às vezes foi dada a "*Mãe do faraó*" como um epíteto. s vezes ela também
é representada amamentando o faraó como no pequeno templo núbio de
Beit el-Wali.

Bastet

Também se escreve Bast, Pasht, ou Ubastet

Uma deusa com cabeça de gato associada à música e à dança, com proteção contra doenças e espíritos malignos, e com a segurança de mulheres grávidas

Bastet (originalmente: **Bast**, também **Pakhet**, **Ubasti** e **Bubastet**) era uma deusa da fertilidade na mitologia egípcia, representada como um gato. Em sua forma mais antiga, ela também poderia ter sido representada com uma cabeça de leoa e um tornozelo. Ela é a deusa da alegria, da dança, da música, da celebração, da vida e do calor.
 Ela surgiu desde a segunda dinastia e foi então considerada a protetora do faraó. Ela normalmente tem um escrivão. Ela também pode ser retratada como uma mãe que mama seus filhotes.

Mitologia

Bastet tinha o poder de invocar um eclipse solar, e era também uma deusa da fertilidade. Ela representava o lado benigno da deusa Hathor. Como seu oposto, a deusa punidora Sekhmet foi nomeada. Estes três juntos formaram uma tríade de deuses. Bastet era filha de Osiris e Isis, companheira de Ptah e mãe de Miysis e Nefertem.

Da mesma forma, Bastet era a padroeira da dona de casa e, em algum momento, tornou-se associada ao perfume. Em suas festas, uma enorme quantidade de vinho foi bebida e diz-se que teve cerca de 700.000 visitantes. Isto estava relacionado à regeneração do faraó que teve que provar ou restaurar sua fertilidade após alguns anos durante um grande festival no Delta do Nilo. As sacerdotisas realizaram inúmeros rituais de fertilidade durante este período, com a assistência de homens.

Durante o período Ptolemaic no Egito, Bastet foi equiparado a Artemis, e seu domínio mudou de eclipses solares para eclipses lunares. A lua é geralmente associada à fêmea por causa de seu ciclo (menstrual). Foi a mulher que estabeleceu a medida do tempo (mensura) e o calendário (mês). Ao fazer isso, as três fases visíveis da lua foram usadas como pontos de referência. Por associação, a crença em deusas com três aparências também surgiu com freqüência. Isto foi chamado de tríade ou tríade, uma trindade. Bastet - Hathor - Sechmet era uma tríade. Por outro lado, a ocorrência de uma tríade de deusa também poderia ser uma indicação de uma religião mais antiga com uma deusa (mãe) como divindade suprema.

Veneração

Seu culto era centralizado principalmente em torno da cidade de Boebastis, onde, segundo Herodotos, ela tinha o templo mais bonito de todo o país e com o maior número de seguidores. Ela teve seus festivais nos quais se realizavam exuberantes banquetes. É possível que os cultos de fertilidade também tenham sido realizados na festa.

Devido ao fato de que Moet também foi retratado como uma deusa com cabeça de leão (esta era a forma como o 'Olho de Rá' era normalmente representado), estas duas deusas tornaram-se associadas como Moet-Bastet.

Imagem

A deusa é representada com uma cabeça de gato, ela existe desde a 2ª dinastia e foi então considerada a protetora do faraó. Em sua forma mais famosa (mais tarde), a vemos como um gato ou uma mulher com a cabeça de um gato. Ela geralmente segura um sistrum ou instrumento musical. Ela também pode ser retratada como uma mãe que mama seus filhotes.

Hathor

Também se soletra Athor.

A deusa do amor, da fertilidade, da beleza, da música e da hilaridade

Hathor ("House of Hor(us)") é uma deusa mãe na mitologia egípcia, chamada "mãe das mães" e "mãe dos deuses". Ela é tanto a mãe quanto a filha do deus Sol Ra. A palavra "casa" era usada metaforicamente na cultura egípcia antiga para o corpo materno, que era simbolicamente considerado um recipiente, neste caso, "todo-abrangente".

Ela foi representada em sua forma mais antiga datada do século 27 a.C. na forma de uma vaca, mais tarde às vezes com uma cabeça de leão em associação com seu aspecto terrível Sekhmet. Seu aspecto solar foi destacado pelo disco solar entre seus chifres de vaca. Ela era o "olho do sol ou da lua". Ela era "deusa rei" e protetora por nascimento. Às vezes ela tinha duas faces, uma olhando para frente e a outra olhando para trás. Em tempos posteriores, Hathor adquiriu cada vez mais atributos da deusa do trono Ísis e foi identificada com ela. Isis-Hathor (a união de Hathor e Isis) foi a deusa mais popular em todo o Egito. Esta deusa foi um modelo de amor, beleza, alegria, poder, *regeneração* e maternidade. Ela era uma deusa que tinha muitas associações e, portanto, muita influência; ela era a derradeira rainha dos deuses. Devido a seus vários atributos, ela poderia estar associada a quase qualquer deusa e aparecer de maneiras diferentes.

Seu principal local de culto era Dendera.

Características

Serpente e deusa mãe

A "Casa dos Cavalos" existia antes de qualquer coisa ser criada. Sua primeira forma foi a de uma serpente. Em algum momento, ela está muito irada e ameaça destruir toda a criação e retomar sua forma original de deusa cobra. As cobras são a forma arquetípica da Deusa Mãe em toda parte do Mediterrâneo, pois simbolizam a vida eterna, a fertilidade e a sabedoria. Sua função é a de Serpente Primal. Além da serpente, ela também está associada à vaca.

Nos tempos arcaicos, havia centenas de de deusas no Egito politeísta, adoradas ao longo de todo o curso do Nilo. Uma publicação de hieróglifos só sobre estes, uma vez, cobriu três mil páginas. Gradualmente, as pessoas começaram a agrupá-las sob nomes comuns, pois a função e os atributos eram geralmente muito semelhantes, uma evolução para o monoteísmo.

Koegodin

Como deusa celestial da vaca, Hathor é a mãe do deus sol Ra, o deus primordial da Ennead (os nove deuses). Além disso, como Olho de Rá, ela também é considerada filha de Rá. As quatro pernas da grande vaca, são os "suportes celestiais" nos quatro cantos do mundo. Sua barriga mosqueada está cravejada com as estrelas do céu celestial. O deus do céu Shu ajoelha-se sob a barriga da vaca do céu para sustentá-la com os braços erguidos. De acordo com o Livro da Vaca do Céu, suas quatro pernas são apoiadas pelos oito deuses Heh, os Ogdoade ou oito deuses primordiais de Hermopolis Magna. Os quatro filhos de Horus também estão associados aos quatro suportes celestiais. Normalmente, Hathor é a adorável vaca, elevando-se acima de nós. Mais tarde, ela é adorada como a protetora de tudo o que ilumina a vida humana: amor, sexo, canto, dança, embriaguez e banquete.

Enfermeira de Horus

Hathor tem sido popular sob este nome ao longo da história do Egito. Mesmo quando em 1400 AC Akhenaten tentou estabelecer definitivamente o monoteísmo sob o único deus Aton, a grande deusa se mostrou impossível de banir da vida dos egípcios. Ela também foi a alimentadora do jovem deus Horus no mito do nascimento de Horus. O papiro foi dedicado a ela junto com a escrita e a agricultura. Ela era a *Senhora do Oeste* e cumprimentou o falecido no submundo.

Olho de Ra

Ela também foi a encarnação do Olho de Ra (o olho que tudo vê como um sinal de sabedoria) e no mito da destruição da humanidade de Hathor no *Livro da Vaca do Céu,* ela também mostrou seu lado destrutivo em sua aparência como a leoa Sekhmet.

Senhora de Turquesa

Hathor era também a "Senhora de Turquesa" ou "A Deusa Azul". Os minerais pertencem à terra, ou seja, à Deusa Mãe. Esta pedra semipreciosa foi minerada no Sinai e em Serabit el-Khadim são restos de um templo dedicado a ela.

Senhora das Terras Estrangeiras

As terras estrangeiras eram geralmente vistas como domínio de Hathor e o tributo pago ao Egito a partir de terras estrangeiras era um "presente da Senhora das Terras Estrangeiras".

Senhora da Árvore da Vida

Finalmente, Hathor era "a Senhora da Árvore da Vida", representada pela figueira selvagem, de acordo com uma inscrição em uma estátua de tríade dela encontrada em Gizé, onde esta árvore sagrada era adorada. A muito mais tarde, a deusa romana Diana também foi retratada perto de uma árvore.

Atributos

A maioria das representações mostra uma mulher jovem cujos atributos distintivos são a peruca grossa de abutre com longos chifres de vaca na cabeça com o disco de sol entre eles. A vaca Hathor tem o disco de sol entre seus chifres, já que o céu carrega o sol. Mais tarde, os chifres de vaca também são usados como a coroa distintiva de Ísis, uma deusa mãe universal associada a Hathor. Ela tem na mão o bastão, o *bastão medus,* que indica que é ela quem pode falar ("tem a palavra"), e na outra mão ela carrega uma âncora, símbolo de prosperidade e fertilidade (que pode ter sido derivada da forma de um tubo de pênis). Na testa e até mesmo no próprio toucado, a cobra do uraeus, símbolo que lembra a forma primordial da força criativa, a serpente, não costuma faltar.

Culto

A precursora desta deusa foi Ua Zit. Seu culto ocorreu no antigo Egito, Sinai e Canaã.

Em homenagem à Hathor, foi realizado o Festival da Bebedeira.

Um templo dedicado a ela continua de pé em Dendera. Um santuário foi dedicado a ela neste local já nos tempos pré-dinásticos. O Sufou reconstruiu o santuário. Cleópatra é representada ali com seu filho caçula (por César) Cesário. No Egito antigo, existiam apenas três locais de peregrinação para cura. Um deles era o templo de Hathor onde a medicina também era praticada.

Ao longo dos séculos, muitos reis acrescentaram seus tributos, até que Ramsés II construiu um segundo templo de Abu Simbel para sua esposa Nefertari (19ª dinastia).

As sacerdotisas de Hathor foram chamadas de "Hathore". Hathores dominavam a dança, o canto e a música, e o nome mais tarde também se aplicava a "mulheres sábias" e profetisas ligadas ao templo. Por exemplo, o Faraó Chufu também consultou uma Hathore como uma profetisa pessoal, a sacerdotisa de Hathor e Neith, Hetepheres.

Em Deir el-Medina, também, o culto Hathor se tornou muito popular no Novo Reino. Lá ela era adorada, entre outras coisas, em sua forma como Meretseger, a deusa serpente. Ainda há restos do templo original, que mais tarde foi amuralhado e por um tempo serviu como uma igreja cristã.

Ela também era adorada em Núbia, inclusive em Abu Simbel. E em Byblos, foram encontrados restos de um templo de pé sobre fundações anteriores ao século 28 a.C. dedicado a Hathor.

O culto de Hathor foi finalmente incorporado ao de Isis em tempos posteriores, ao qual ela foi equiparada.

Heqet

Uma deusa de cabeça de sapo que personifica a geração, o nascimento e a fertilidade

Na mitologia egípcia, a deusa egípcia **Heket** era uma deusa representada com a cabeça de um sapo e às vezes representada inteiramente como um sapo. Ela era o complemento feminino da Chnum. Esta deusa era uma importante protetora na gravidez e no nascimento, o que era arriscado no Antigo Egito. Em conexão com os deuses primordiais Chnoem e Osiris, ela foi responsável pela criação e renascimento de todos os seres vivos e também foi associada à vida após a morte.

Encontramos a primeira menção a esta deusa nos textos em pirâmide.

Sua conexão com o nascimento aparece pela primeira vez no Reino do Meio, nos Cárpatos Ocidentais. Lá, é mencionado que Heket *apressou o nascimento dos três reis que inauguraram a 5ª dinastia. O termo *servidor da Heket* para parteira também pode ter entrado em uso a partir daquela época.

A representação nas paredes do templo é geralmente a de uma figura antropomórfica com cabeça de sapo, enquanto os amuletos (especialmente em uso a partir do Novo Reino) são geralmente zoomórficos.

Seu principal local de culto era Herwer (possivelmente o moderno Hur perto de el-Ashmunein). Restos de um templo para esta deusa foram encontrados em Qus. Mas ela também aparece nos templos de outras divindades. No templo de Abydos, ela é retratada recebendo um vinho derramado de Seti I. Ela também é retratada em um túmulo de Petosiris (ca. 300 a.C.) em Tuna el-Gebel, indicando que seu culto ainda estava muito em voga até aquela época.

Imentet

A deusa **Imentet** ou **Amentet** é uma antiga deusa egípcia. Ela é a personificação do oeste e da necrópole do lado oeste do Vale do Nilo.

Nome

Seu nome Imentet vem do ideograma *Imnt* que significa "oeste". O sinal para o oeste foi escrito de duas maneiras: um falcão com uma pena em um estande ou código R13 da lista hieroglífica de Gardiner; a outra variante é uma pena em um estande, código R14.

Papel

A deusa foi encontrada em imagens em várias tumbas no Antigo Egito. Ela dá as boas-vindas ao falecido e lhes oferece água. Ela simboliza a necrópole ocidental do outro lado do Nilo.

Aparência

A deusa Imentet ou Amentet pode ser facilmente reconhecida pelo símbolo acima de sua cabeça. Embora ela possa ser claramente distinguida de outros deuses, ela é freqüentemente referida como uma manifestação de Hathor ou Ísis.

Tamanho

Também se soletra Mayet, Maa, Maet, Maht, Maut.

A deusa da verdade, da lei, da justiça e da harmonia e se apresenta como a personificação da ordem cósmica

Maät ou **Ma'at** no antigo Egito denota o conceito de verdade, estabilidade e justiça e ordem cósmica. Ela aparece em textos já no terceiro milênio a.C. A partir do Reino do Meio, Maät torna-se a medida do papel principal do faraó: *manter a ordem cósmica para a fertilidade da terra e de seus habitantes.*
Na mitologia egípcia, **Maät** como deusa
é a personificação destes conceitos. Ela representa a ordem cósmica desde o início do universo. No final de seu desenvolvimento, ela foi considerada a filha do deus sol Ra. Sua contraparte divina é Isfet, o caos. Maät é frequentemente mencionada no Livro dos Mortos egípcio.

Conceito filosófico

Maät (ou ma'at), no Antigo Egito, é a designação do conceito que une as qualidades de *essência, autenticidade, genuinidade, retidão, exatidão, verdade, estabilidade, ordem cósmica, retidão* e *justiça.* Denota a legalidade natural das coisas desde o seu início. Daí também a *lei natural* pela qual o cosmos é regulado desde o seu início. Este princípio é sempre invisível e imutável em segundo plano. Como um refletor, ele mesmo não tem parte nos eventos, mas eles são influenciados por ele. Um texto antigo diz de maät: *"sua bondade e seu valor eram destinados a ser duradouros". Não foi perturbado desde o dia de sua criação, enquanto aquele que violar suas ordenanças é punido".*

O conceito corresponde ao *Eu* na Mesopotâmia, a lei do destino que estava nas mãos dos deuses e foi apresentado em 12 tabuletas com instruções, uma por mês do ano, anualmente ao rei babilônico em seu reinvestimento.

Não há praticamente nenhum mito sobre a deusa Maät porque ela sempre permaneceu muito mais o conceito abstrato que ela representa.

Origem e desenvolvimento do conceito

Palavras hieroglíficas

A representação hieroglífica do nome Maät consiste na pena de avestruz, ou ela também pode ser referida como a vara de regra de um construtor, ou o plinto sobre o qual foram colocadas estátuas de deuses. A adição de um final *-t* normalmente indica uma forma feminina (cf. *Baalat, Eilat*, et al). s vezes, como neste caso, um *-a-* extra é colocado entre a palavra haste e o final para facilitar a pronúncia.

Significado

A palavra hieroglífica 'maät' significa principalmente *"o que é reto"* e provavelmente foi dada como um nome para a ferramenta pela qual artesãos de todos os tipos mantiveram seu trabalho na direção certa. Esta é a mesma idéia subjacente à palavra κανων (cânone) entre os gregos. Isto primeiro denotava um critério reto com o qual manter algo reto, depois uma regra como usada pelos pedreiros, e finalmente, metaforicamente, uma regra ou lei ou cânone, algo pelo qual as vidas das pessoas eram mantidas no reto e estreito. Estas idéias também pertencem à palavra egípcia 'maät'. A deusa Maät tornou-se assim a personificação das leis naturais e morais, da ordem e da genuinidade.

Maät estava, portanto, também associada à regularidade da lei natural. A regularidade com que o sol se põe e nasce, por exemplo, foi expressa na imagem de Maät e Thoth acompanhando o deus sol Ra em seu barque, pilotado por Horus, em seu caminho direito de leste a oeste. Em sua qualidade de líder do deus sol, Maät é chamada de *"filha de Rá"* e *"Olho de Rá"*, *"Senhora do Céu"*, *"Rainha da Terra"* e *"Senhora do Submundo"*.

E, claro, ela também era a *"Senhora dos Deuses e Deusas"*. Com sua autoridade moral, Maät era a maior entre as deusas. Em sua dupla forma de Maäti (isto é, a Maät do sul e do norte), ela se tornou a *"Senhora do Julgamento"*, e se tornou a personificação da justiça última, dando a cada ser humano sua parte. A julgar por certas vinhetas nas quais "pesava o coração" era representado, ela às vezes tomava a forma das próprias balanças.

Personificação

Maät é a deusa que personifica o conceito de veracidade, justiça e ordem cósmica (ma-at egípcia). Ela existe pelo menos desde o Velho Reino e é mencionada nos textos em pirâmide, onde ela está por trás do deus sol Ra. De modo geral, Maät pode ser vista como o equivalente feminino de Thoth, com quem ela se originou, e de acordo com trabalhos funerários, ambos ficaram ao lado de Ra quando este último se ergueu do abismo de Noen. Mais tarde ela também está associada a Osiris, que muito cedo é chamado de *Senhor de Maät. A* partir do Novo Reino, ela é chamada de *"filha de Re"*. Muito tarde, seu papel foi equiparado ao de Isis. Seu marido era geralmente Thoth, o deus escriba. Como *filha de Re,* ela foi confundida com a irmã do faraó.

Valor faraônico

Embora Maät seja mencionada em textos já no 3e milênio a.C., a conexão explícita com o escritório do Faraó é de data posterior, especialmente no Reino do Meio então.

A principal tarefa de cada faraó era manter a maät (ordem cósmica), e muitos tinham se retratado enquanto seguravam em suas mãos uma pequena estátua de maät que ofereciam aos deuses como um sinal de seu sucesso nessa tarefa (ou pelo menos sua boa intenção a esse respeito). Foi o faraó ou seu representante que foi encarregado da vida e prescreveu o ritual diário para as divindades baseado no princípio de maät.

No Reino do Meio

Maät também fez parte dos valores faraônicos a partir do Reino do Meio. O faraó tinha que defender a justiça e a ordem contra a injustiça e o caos das terras além das fronteiras do antigo Egito. Este conceito surgiu durante o primeiro período intermediário, quando ficou claro para os nomarchs que somente eles poderiam manter a ordem e a lei em seu nome. Os faraós do Reino do Meio acrescentarão a isso a idéia de que a ordem e a lei devem ser mantidas não apenas em um determinado nome, mas em todo o Alto e Baixo Egito, e que o faraó é responsável por isso. A isto se soma o fato de que o faraó descobre através da deusa Maät o que é justo e o que não é.

O rei não é mais um deus em si ou o filho de um deus como no Velho Reino, mas sim o intermediário entre Maät e o povo. A propósito, os deuses também tinham que obedecer a Maät e não tinham permissão para cruzar os limites de Maät. Para conhecer a vontade dos deuses - e portanto de Maät - foram nomeados sacerdotes para manter o serviço para os deuses no lugar do faraó. Enquanto isso, o faraó tinha que assegurar que a ordem fosse mantida. Os deuses trabalharam juntos de forma constelada para manter tudo em ordem, e esta cooperação se refletiu na colaboração do faraó com os sacerdotes. Cada um formou um todo na constelação do antigo Egito.

Novo Império

Isto muda com a dinastia 18ᵉ introduzindo uma "Nova Teologia do Sol", que não se baseia mais em uma imagem constelada, mas na "vontade do deus". A justiça conexa, baseada na solidariedade, que Maät defendia anteriormente, agora toma como sua interpretação "a vontade do deus". O deus pode agora intervir pessoalmente para fazer o que é justo, e cada pessoa pode alcançar o deus através da piedade pessoal, comportando-se de forma justa. Durante o festival Opet, que celebrava o relacionamento do faraó com seu pai divino Amon, para Amon deixar seu templo em Karnak em um barque para visitar o de Luxor, as perguntas dos egípcios comuns foram submetidas à divindade durante as paradas nas "capelas". Os sacerdotes de Amon ganharam influência através desses oráculos e o faraó perdeu parte de seu poder anterior como resultado. Amenhotep IV, querendo explorar esta evolução, mudou seu nome para Akhnaton e fez de Aton, uma divindade sem outra manifestação a não ser o disco solar, o deus principal do panteão egípcio, e os serviços a outros deuses ficaram subordinados aos de Aton. O único que podia conhecer a vontade de Aten era o faraó, e como resultado Akhnaton reconquistou o monopólio faraônico da teologia. Isto não lhe foi agradecido pelos poderosos sacerdotes Amon, que viram seu poder diminuir, e por isso apagaram todos os vestígios dos últimos reis da dinastia 18ᵉ . Ao fazê-lo, os sacerdotes Amon asseguraram seu monopólio sobre a teologia e, portanto, sobre os processos de pensamento dos egípcios comuns. Durante o período tardio, os sacerdotes Amon chegaram a governar uma grande parte do Egito e o escritório hereditário foi feito quase dinástico. A substituição desses

sacerdotes Amon por Godwomen acabou impedindo o estabelecimento
de uma nova dinastia de sacerdotes, uma vez que as Godwomen, ao
contrário dos sacerdotes, não tinham permissão para ter filhos. A
madrinha adotou sua sucessora. Isto permitiu que um novo governante
tivesse um de seus parentes femininos feito Godwoman. Eles governaram
nominalmente a região de Theban.

Papel na mitologia

Como o deus Thoth, Maät cumpriu um papel importante na mitologia de
Memphis, Heliópolis e Tebas. No entanto, não foram feitos "parentes de
sangue" próximos. Eles permaneceram um pouco fora das árvores
genealógicas dos deuses elaboradas pelos sacerdotes de lá. Ao contrário
de Thoth, Maät foi mantida mais como um conceito abstrato.

Atributos e simbolismo

O símbolo e principal atributo de Maät é a pena de avestruz, que ela
normalmente usa em uma faixa de cabelo na cabeça e às vezes em sua
mão, com a pena escrevendo seu nome. Ela é normalmente representada
sentada (*sentar* significa *ter poder* no Antigo Egito e ainda hoje). Em uma
mão ela segura o cetro e na outra a âncora, sinal de vida. Em muitas
representações, Maät carrega as asas, cada uma presa a um braço, que
ela então freqüentemente espalha, do jeito de Isis. Às vezes ela também
é representada como uma mulher com uma pena de avestruz no lugar da
cabeça. O simbolismo e a associação com a pena de avestruz não foi
explicado até agora, mas certamente data da dinastia [[5ᵉ do Egito]].

Relação com outros deuses

Pode não haver virtualmente nenhum mito sobre a deusa Maät - porque
ela sempre permaneceu muito mais o conceito abstrato que ela
representa - mas as representações são ainda mais. Ela aparece na
maioria das vinhetas do Livro dos Mortos, assim como em murais e
relevos de Abu Simbel até o Vale dos Reis. Às vezes ela carrega a pena -
pela qual sempre pode ser reconhecida - não em sua cabeça, mas em
sua mão.

Ela está tão intimamente associada a Thoth que pode, de fato, ser
considerada o oposto feminino desta divindade. Ela estava com Toth no
barque de Ra quando o deus sol se levantou pela primeira vez sobre as
águas do espaço primordial de Noen.

Associação com a vida após a morte

Os antigos egípcios tinham concepções diferentes sobre a vida após a
morte. Sustentava-se que, após sua morte, Maät pesaria seus corações
em uma balança com uma pena de avestruz (que encarnava a verdade)
como um contrapeso. Se o coração fosse mais leve que a pena, a pessoa
morta podia prosseguir para os Campos de Iahru. Se o coração era mais
pesado, o falecido era devorado por Ammit, a personificação da
retribuição divina por todos os pecados.

A Escala de Julgamento

A **Escala de Julgamento** consiste em uma coluna vertical montada em
uma tomada e com um pino em forma de pena de avestruz fixada na
parte superior. A pluma simboliza Maät. Deste pino, que está preso a uma
corda, pendura-se a Viga de Balança com duas tigelas planas presas a
ela com duas cordas. Na tigela direita está a pena de Maät, ou está
representada em uma figura a deusa sentada, e na tigela esquerda está o
coração do falecido sendo pesado. No topo do estande vemos
primeiramente a cabeça da deusa Maät, ou a cabeça de Anpu (Anubis),
ou a de um ibis, símbolo de Thoth, e em segundo lugar a figura de um
babuíno, um animal associado a Thoth e às vezes com seu nome.

O Conselho de Maät

O salão no qual Maät sentou em sua forma dupla para ouvir ali a
confissão dos mortos é freqüentemente descrito em conexão com o
capítulo CXXV do *Livro dos Mortos*. Era uma sala muito espaçosa com
uma moldura composta de uraei e penas da maät simbólica. No centro
está uma divindade com ambas as mãos estendidas sobre um lago
sagrado, e em cada extremidade do salão está um babuíno (deus macaco
Hapy) na frente de um par de tigelas. A porta traseira pela qual o falecido
entrou foi vigiada por Anubis. Ambas as ombreiras tinham um nome que
deve ter sido conhecido pelo falecido com antecedência. No *Salão de
Maät*, como também foi chamado, os 42 juízes sentaram-se em duas
fileiras, cada uma em um lado do salão. Eles foram chamados de
Conselho de Maät.

A Confissão Negativa

Para cada um deles, o falecido tinha que fazer o juramento solene de *não
ter* cometido uma violação particular das leis. Isto é chamado de
Confissão Negativa. Os nomes dos juízes são mencionados no *Papyrus*

de Nebseni (Mus. Brit. No. 9.900, folha 30). Após a *Confissão Negativa*, o falecido recorreu aos juízes reunidos com uma enumeração de suas boas ações. Antes de Osiris, a quem ele se dirige como *"o Senhor da coroa de Atef"*, ele declara que seguiu a maät e se purificou com maät, e que a nenhum de seus membros falta maät. Ele diz ter estado no *"Campo de Gafanhotos"* e se banhou no *banho em que os marinheiros de Ra se banharam*, e descreve tudo o que ele fez, como encontrar um cetro de pedra no *"Forte de Maät"*.

Para encontrar o caminho de volta para fora do salão após uma avaliação bem sucedida, o falecido tinha que saber os nomes mágicos da porta que levava às regiões dos abençoados.

Relação com a justiça

Hagen relata sobre isso: *Maät ensina que a lei deve ser dita independentemente do poder. Na Europa, a deusa viveu na figura da Justiça, que se tornou um terceiro poder ao lado do governo e do parlamento nas democracias ocidentais.*

Culto

Um pequeno Templo de Maätt havia sido construído no Templo de Mentut em Karnak, mas tais santuários para o culto formal desta deusa são incomuns. Ela é, no entanto, normalmente retratada em templos para outros deuses. O título de "sacerdote de Maät" foi dado honoris causa àqueles que serviram como magistrados ou tomaram decisões legais em seu nome. Muitas vezes eles usavam uma pequena imagem dourada da deusa como sinal de sua autoridade legal.

Teologicamente, o principal sinal de adoração da deusa consistia em uma oferta ritual pelo faraó de uma pequena imagem de Maät que ele segurava em sua mão e oferecia aos deuses. Nos templos do Novo Reino, isto foi feito principalmente antes de Amon, Ra e Ptah.

Maät, ao contrário de outras deidades, não era "corruptível", ou seja, o princípio *"do ut des"* não se aplicava contra ela. Uma agiu de acordo com sua diretriz ou contra ela, e sofreu as conseqüências. Mas não se podia pedir sua ajuda ou mediação, como era possível com outros deuses, e as orações de ação de graças ou súplicas e sacrifícios eram inúteis.

No entanto, existem fontes relativas à ingestão de uma bebida sacramental, semelhante ao soma indiano ou haoma persa, que conferiu

91

pureza ritual àqueles que observaram a lei de Maät. Escritores egípcios do [[3e milênio a.C.]] escreveram: *Minhas partes internas são lavadas no líquido de Maät.*

Os padres egípcios desenharam uma Pena de Maät, mergulhada em um líquido verde, sobre suas línguas para dar força às suas palavras de verdade.

Comparação com outras culturas

Além de uma possível semelhança ou relação com Moet e com o nome Metet, o barque matinal do deus sol, (traduzido como *cada vez mais forte*) pelo qual ela foi às vezes confundida com uma deusa biológica e correspondia à deusa romana Mater Matuta, existem conceitos ou deusas similares ou relacionados em outras culturas. Por exemplo, os Hittites chamados Mat Hatti do Norte da Síria (*Mother Hatti*). Como o legislador do Antigo Egito, Maät correspondia a Tiamat da Babilônia, que entregou as tábuas sagradas ao primeiro rei dos deuses. Neste aspecto, Maät era semelhante em função do Eu da Mesopotâmia.

Os pigmeus africanos ainda conhecem Maät pelo nome que ela carregou na Suméria como *ventre* e *submundo*: Matu. Ela foi a primeira mãe de Deus. Como sua "irmã" egípcia, ela às vezes tinha a cabeça de um gato.

Na Índia, o conceito de *maät* parece ser muito semelhante ao do dharma: a ordem natural a ser mantida.

Mut

Uma deusa mãe de cabeça de abutre, esposa do grande deus Amon e mãe de Khons

Os gregos identificaram Mut com sua deusa Hera.

Moet ou **Mut of Thebes** é uma deusa na mitologia egípcia. Suas origens ainda são muito obscuras porque não há textos sobre ela antes do Reino do Meio. Ela provavelmente assumiu o papel de Amaunet. Amaunet era a deusa original que estava ao lado de Amon. Há duas teorias que procuram explicar a gênese de Moet. Ou a deusa foi concebida como uma esposa para Amon ou que ela era um deus local insignificante e sua adoração estava aumentando. Ela foi identificada com a rainha e, no Novo Reino, as rainhas usavam um gorro de abutre. Ela também foi associada com Bastet e com Ra com quem compartilhou uma árvore sagrada. A deusa desempenhou pouco ou nenhum papel nos mitos religiosos e sua influência estava apenas entre o mundo humano. Juntamente com Chonsoe e Amon, ela forma a Tríade de Tebas.

Aparência

A deusa foi inicialmente representada como uma deusa leoa, mas sua aparência real era humana. Nesta manifestação, ela era a mais venerada. Ela usava uma capa de abutre com uma coroa dupla com uma cobra de Uraeus e um bastão de papiro. Suas roupas eram geralmente levemente coloridas em azul e vermelho e decoradas com plumas. Como deusa leoa, ela usava um disco de sol na cabeça com um Uraeus e um bastão de papiro e era assim a contraparte sulista de Sekhmet. Por onde a terra era equilibrada.

Em tempos posteriores, Moet foi retratado como uma mulher com asas salientes (como de um inseto), com três cabeças, e um falo. Esta forma era suposta se apresentar como sua natureza agressiva na qual ela era "mais poderosa que os deuses". As representações da deusa com a cabeça de um gato eram comuns.

Culto

No Reino do Meio, há um texto onde Moet é chamado de "mistress of Megeb", um local perto do 10º nome do Alto Egito (Qaw el-Kebir). Ela também teve seu lugar em templos em Heliópolis e Gizé, e em um grande em Tanis, como contraponto a Tebas. Ela era freqüentemente adorada em todo o país junto com Amon e Chonsoe, mas seu culto permanecia livre. Seu principal centro de culto era no Isheroe, o templo de Moet em Karnak. Ela era uma deusa política importante no Novo Reino e depois até o período Ptolemaic, inclusive.

Esta deusa compartilhou um festival religioso com Amon, o festival Opet, onde ela tinha sua própria casca de árvore. Mas ela também teve seu próprio festival: "festival para navegar Moet" realizado no lago sagrado. Além disso, ela desempenhou um papel no festival: "derrubada de Apophis" onde mostrou sua natureza agressiva e protegeu o deus sol. Também se diz que ela teve seu próprio oráculo, resolvendo todos os tipos de problemas.

Neith

Uma deusa da criação, sabedoria e guerra, às vezes pensada como a mãe do grande deus sol Re, e associada a Toth, o deus do aprendizado e da inteligência

Os gregos identificaram Neith com sua deusa Atena.

Neith era uma antiga deusa egípcia pré-dinástica, deusa padroeira da cidade de Saïs e Esna. Uma deusa mãe, ela é às vezes vista como a criadora do mundo e depois é equiparada à vaca que deu à luz o demiurgo. Ela era a protetora dos tecelões e caçadores. Ela também estava associada à guerra. Seu nome significa literalmente *tecelão* e através da tecelagem ela também foi associada à formulação da ciência racional. (A palavra "texto" também vem da *textura*, que significa tecido).

Neith é representada tanto com características masculinas quanto femininas. Ela usava a coroa vermelha do baixo Egito. Ela era a mãe do deus crocodilo Sobek e às vezes era vista como a esposa de Chnoem.

Neith era também uma das deusas padroeiras dos cânones. Ela compartilhou esta função com Isis, Nephthys, Selket e os quatro filhos de Horus, mas ela mesma estava principalmente associada ao estômago que ela protegia com Doeamoetef.

Neith foi ainda chamada Anatha, Ath-enna, Athene, Medusa. Seu nome, de acordo com os egípcios, tinha como significado "*eu vim de mim mesmo*". Ela foi o Noen primordial do qual surgiu o sol pela primeira vez ou "*A vaca que deu à luz Ra*". Ela era o espírito por trás do véu, que nenhum mortal podia ver diretamente. Ela se dizia "*tudo o que foi, é e será*". Seu símbolo foi usado como um totem por um clã pré-histórico e seu nome pelas duas rainhas da primeira dinastia.

Os gregos a conheciam como Nete, uma das três musas de Delfos.

Na Bíblia hebraica, ela foi chamada de Asenath (Isis-Neith), "a grande deusa da cidade de Aun" cunhada *On.* Seu sumo sacerdote Potiphar foi declarado seu "pai" e José seu marido.

Nekhbet

Também se escreve Nekhebet ou Nechbet.

A deusa coroada do Alto Egito e padroeira do parto

Nechbet ou **Nekhbet** *(Nḫbt)*, também escrito "Nechebit", era a deusa provavelmente mais antiga da mitologia egípcia, originalmente adorada localmente no período pré-dinástico (c. 4000-3300 a.C.) em Necheb (local atual de El-Kab localizado 80 km ao sul de Luxor), capital do terceiro Nomos, do qual ela era deusa padroeira e em que local o oráculo mais antigo também estava localizado. Seu nome significa "*aquele de Necheb*".

Ela era a deusa abutre que finalmente representava o sul (Alto Egito) e cujo símbolo, a partir da unificação com o norte (Baixo Egito), adornava a testa do faraó junto com o uraeus de Wadjet, ali adorado. Estas duas deusas, chamadas juntas de Duas Mulheres, também formaram o preâmbulo de um dos cinco nomes do faraó: o nome nebty ou hieróglifo para "[s/he] dos Dois Governantes...".

Pelo menos do Velho Reino, desenvolveu-se uma estreita conexão com a realeza e Nechbet foi associado à Coroa Branca como uma deusa da coroa. Nos Textos da Pirâmide, ela é retratada como uma Deusa Mãe com uma representação na forma de uma grande vaca branca. Os gregos a equipararam com Eileithyia.

Nome e epíteto

Nechbet não é de fato um nome, mas uma referência: "O de Necheb". A deusa mãe em questão também foi chamada de "o Segredo". Além disso, em vários papiros, esses epítetos foram encontrados:

* O Branco de Nechen
* A Prata
* Senhora da Grande Casa
* Arco-conciliador (indicando os povos que ela une)
* Great Wild Cow/ residente em Necheb (Pyramid Texts 729a, 911 e 1566a).

Nebet-Schemau (*Nbt*-Šmᶜw) foi o título para *Lady of Upper Egypt*.

Seu signo estrela era *Huret*, com o qual ela também foi equiparada a Neith. Os gregos a equipararam com Eileithyia quando encontraram imagens onde ela alimenta e protege a criança divina faraó. Devido a sua estreita conexão com a Lua, ela também foi historicamente equiparada à Selene.

Imagem e atributos

Nechbet, especialmente nos primeiros dias de sua adoração, foi retratado como um abutre, e depois usou o anel de shen, um símbolo de eternidade adotado mais tarde por uma série de outros deuses.

Alan Gardiner identificou o abutre utilizado na iconografia religiosa como sendo do tipo grifo (Em inglês *grifo do abutre, sugerindo* uma conexão com o grifo posterior). Depois de ser ligada à deusa Cobra, ela também foi representada como uma serpente, mas depois usou a coroa branca para esclarecimento. Com as asas abertas, ela como uma serpente significa a proteção da realeza. As duas serpentes presas ao símbolo do sol alado também são às vezes consideradas como representando Nechbet e Wadjet.

Na forma antropomórfica, a deusa foi representada como uma mulher com um capuz de abut, possivelmente também a coroa branca, e as asas.

Na época do Novo Reino, o abutre apareceu ao lado do uraeus sobre a roupa da cabeça com a qual os faraós falecidos foram enterrados. Tradicionalmente, isto fazia lembrar as duas deusas terrestres Wadjet e Nechbet, mas de acordo com Edna R. Russmann, neste contexto mais recente é mais provável que se pense em Ísis e Nephthys, duas deusas que desde então se associaram aos ritos fúnebres.

Normalmente Nechbet é pendurado como um abutre com asas abertas pintadas no teto dos templos, e acima da imagem do(s) rei(s), com um anel de shen em suas garras (simbolizando o infinito ou "inteiro" ou "tudo"). Como a deusa padroeira do faraó, ela também era vista como o aspecto divino do governante. Foi nesta qualidade que ela foi a *Mãe das Mães*, e foi equiparada à *Grande Vaca Branca de Necheb.*

Em alguns textos do Livro Egípcio dos Mortos, Nechbet é referido como "Pai dos Pais, Mãe das Mães, que existiu desde o início e criou este Mundo".

Culto

No Egito pré-dinástico, a palavra para "abutre" era *Mut*, que é preservada em nome da deusa Mut de Tebas. As sacerdotisas da deusa Nechbet eram chamadas "muu" (mães) e realizavam seus rituais em mantos feitos de penas do abutre egípcio.

Em Necheb, originalmente uma *necrópole* ou cidade dos mortos, o oráculo mais antigo do Egito estava localizado no santuário de Nechbet, a deusa mãe de Necheb. A necrópole formou, no final do Período Protodinástico (c. 3200-3100 a.C.) e provavelmente também do Período Dinástico Primitivo (c. 3100-2686 a.C.), o equivalente a Nechen, a capital religioso-política do Alto Egito. O assentamento original no local de Nechen data da cultura Naqada I ou Badari tardia. A cidade tinha pelo menos 5.000 habitantes em seu pico por volta de 3400 a.C., possivelmente o dobro desse número.

À medida que o local do culto ganhou importância, pois a deusa mãe tornou-se a deusa da terra de todo o Alto Egito, santuários dedicados a ela surgiram em muitos outros lugares e templos foram construídos para ela.

De acordo com Wilkinson, o centro de culto de Nechbet tinha um santuário de templo notavelmente grande em El Kab, embora pouco reste dele hoje. Nada foi encontrado dos santuários que, sem dúvida, estavam ali nos tempos mais antigos, mas ruínas que datam do período Dinástico posterior foram encontradas. Restam apenas vestígios do Reino do Meio e do Novo Reino.

Depois que Nechbet se tornou a deusa padroeira do Alto Egito, fez sentido que quando os dois países estavam unidos, ela e seu equivalente do Baixo Egito, Wadjet, formaram o par chamado "As Duas Mulheres".

Na origem, Nechbet estava fortemente relacionada a Moet e Tefnoet. O deus da manhã Hapi foi designado a ela como marido e o lírio de água, como um emblema do Alto Egito, como uma planta.

Nephthys

Nephthys não é apenas uma deusa da morte, decadência e escuridão, mas também um mágico com grandes poderes de cura

Nephthys é a forma grega de Nebt-het ou Nebhet, que significa "senhora da casa".

Nephthys (grego), **Nebthet** ou **Nebet-het** (egípcio que significa "senhora da casa") é a deusa do submundo e do nascimento na mitologia egípcia. Ela é a filha do céu e da terra, e irmã de Ísis. Ela é freqüentemente retratada com esta última. Nephthys foi representada em um manto muito parecido com um manto de morte, e seu atributo é o falcão. Ela se casou com seu irmão, Seth, com quem teve seu filho Anubis.

Embora Nephthys fosse casada com o inimigo tanto de sua irmã quanto de seu outro irmão - Isis e Osíris - ela ajudou Isis, assim como sua filha Anubis, quando Seth matou Osíris e o espalhou em pedaços por todo o Egito. Junto com seu marido e outros deuses, ela pertencia à Ennead de Heliópolis.

Ela também era uma das deusas padroeiras dos canopes. Ela compartilhou esta função com Isis, Neith e Selket. Ela protegeu o deus Hapy, um dos quatro filhos de Horus, que protegeu os pulmões do falecido.

Nut

A deusa do céu, e consorte do deus da terra Geb, seu irmão gêmeo

Os gregos identificaram Nut com o Titan Rhea, a mãe de seus deuses.

Noet era a deusa do céu na mitologia egípcia. Shu e Tefnut eram seus irmãos e irmãs. Ela era casada com seu irmão Geb, o deus da terra, e tinha quatro filhos: Osiris, Isis, Seth, Nephthys . Ela e todos estes pertenciam à Ennead de Heliópolis.

Noet foi retratada como uma mulher dobrando-se sobre a terra, mas ela também podia ser retratada como uma vaca. Em conexão com isto, a chamada *vaca do Livro do Céu* também deve ser mencionada. Ela simbolizava o espaço através do qual o deus sol viajava. Durante o dia, ele navegava através de sua barriga e todas as noites Noet engolia o sol fazendo-o escurecer. O sol então permaneceu dentro dela à noite e nasceu de seu ventre no dia seguinte.

A imagem de Noet é comum em monumentos, especialmente no Vale dos Reis.

Além do conceito de deusas que deram origem a outras divindades específicas ("*furo*"), há também a idéia de uma "*Mãe dos deuses que deu origem a todos os deuses*". Assim, a deusa Noet, que de acordo com os textos da pirâmide trouxe o sol e de acordo com os textos do sarcófago também a lua, muitas vezes carrega o epíteto "*ela que carregou os deuses*". Isto se refere aos corpos celestes que a deusa do céu "carrega" e "engole" diariamente (uma idéia que leva à representação de Noet como uma "porca celestial"). Noet ou Nuit contrasta mitologicamente com divindades adoradas mais tarde, onde um "pai celestial" sempre desempenha um papel.

Renpit

Uma deusa que personifica a passagem do ano e, consequentemente, a medição do tempo

Renpit é uma deusa na mitologia egípcia que permaneceu como uma personificação para a eternidade, mas também para a era divina e real. Seu nome é derivado do hieróglifo *Renep* (Código M4 da lista de Gardiner).

Imagem

A deusa é representada ajoelhada entre dois ramos de palmeira dentada. Na parte inferior dos ramos de palmeira, um shenring e duas cobras são frequentemente vistos. O shenring representa a eternidade e a cobra representa o número de milhões.

Papel Religioso

Ela estava associada com o deus primordial Thot de Memphis, bem como com o deus Hoe. Esta iconografia simboliza o conceito de 'tempo'.

Sekhmet

A deusa cabeça de leão (ou sol) associada à guerra, pestilência e chamas

Sechmet (*o Poderoso*), também **Sekhmet**, **Sakhmet**, **Moet-Sechmet** ou **Hathor-Sechmet**, é uma deusa da mitologia egípcia, também chamada de **Olho de Rá.** Ela é a esposa de Ptah, e por alguns ela foi vista como a mãe de Nefertem. Sechmet tinha uma cabeça de leão e era a deusa da retribuição, da doença e das leoas. Aos olhos dos egípcios, ela era uma deusa muito poderosa. Sechmet simbolizava o poder destrutivo do sol. Seu culto se realizou principalmente em Memphis.

Sechmet é a forma destrutiva da deusa Hathor ou Moet, e a filha de Ra. Na mitologia egípcia, o deus sol Ra foi o primeiro faraó, mas com o tempo seu corpo humano envelheceu e as pessoas o perseguiram. A isso ele enviou Hathor na forma de Sekhmet para a Terra, onde a deusa descarregou sua sede de sangue sobre os humanos. Eventualmente, os deuses a fizeram beber um lago de cerveja, que Sekhmet pensava ser sangue, para impedir o abate.

Com o tempo, os egípcios adoravam Hathor e Sekhmet como duas divindades diferentes, embora originalmente fossem aspectos da mesma divindade. Sekhmet podia causar doenças, mas também era freqüentemente invocado para curar doenças. Em sua forma de cura, ela também era conhecida como Werethekau.

Selket

Também se soletra Selkit, Serqet, Selqet, Selquet e Selkis.

Uma deusa com cabeça de escorpião, protetora do jovem deus Horus, e a devota companheira de sua mãe, a deusa Ísis

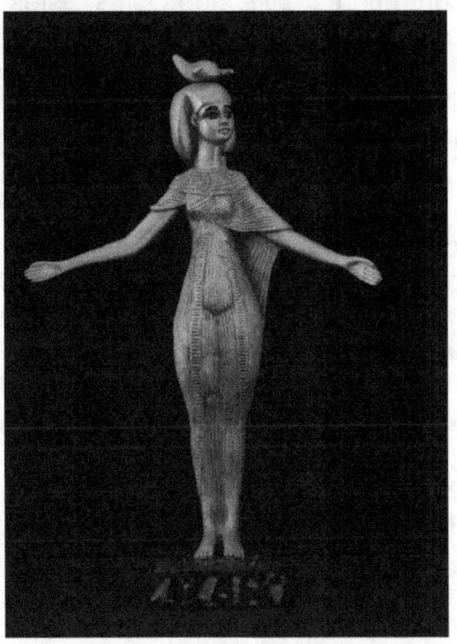

No Antigo Egito, **Selket** era uma deusa benigna representada como uma mulher com uma cabeça de escorpião ou um escorpião com uma cabeça de mulher. Às vezes ela é retratada sem cauda.

Ela protegeu as pessoas na terra contra mordidas venenosas e, com as outras deusas padroeiras Isis, Neith e Nephthys e os quatro filhos de Horus, vigiou os cânones que continham as entranhas do falecido.

Suas sacerdotisas se especializaram no tratamento de picadas de insetos e picadas de escorpião. Seu tratamento consistia em aspectos mágicos e médicos.

Conjunto

Na mitologia egípcia, o deus **Seth** era o irmão de Osiris. Ele matou seu
irmão e cortou seu corpo em pedaços, que ele espalhou por todos os
nomen (regiões) do Egito. Isis procurou as partes do corpo novamente
juntas, mas não encontrou os genitais de Osíris; estes haviam sido
engolidos por um peixe. Ela recriou os genitais a partir do barro e através
de sua habilidade e com a magia de Thoth, ela conseguiu engravidar.
Disto nasceu seu filho Horus. Este lutou com Seth e o derrotou. Seth,
como sua esposa Nephthys, pertence à Ennead de Heliópolis

Seth era visto como o deus do deserto, do caos, da esterilidade, da poeira
e do solo estéril e como um inimigo do homem. Ele é retratado como um
homem com uma cabeça de animal. Qual animal foi o modelo para isto
não é conhecido, embora tenha sido sugerido que poderia ser um jumping
shrew ou um aardvark. Porcos e burros eram dedicados a ele e também
desempenharam um papel em sua adoração. A aversão aos porcos em
religiões posteriores pode muito bem ter tido algo a ver com isto.

Entretanto, Seth também é considerado em alguns mitos como sendo o
deus que protege Ra do demônio serpente Apophis todas as noites
enquanto ele viaja pelo submundo com seu barque solar. Esta viagem foi
a explicação dos antigos egípcios para o pôr e nascer do sol.

É possível que nos tempos pré-dinásticos houvesse uma batalha entre os
seguidores de Seth e de Horus e que o último subjugasse os primeiros. O
mito da Batalha entre Horus e Seth poderia se referir a isto. Na segunda
dinastia, há um rei (Peribsen) que - ao contrário de todos os outros reis -
escreveu seu nome com um animal Seth acima dele, ao invés de um
falcão Horus. Seu sucessor foi chamado de Chasechemoey (*ambos os
poderes satisfeitos*). Ele escreveu seu nome com os dois animais acima
dele. Possivelmente isto reflete um surto de antagonismo entre os
partidários de Seth e Horus, que foi eliminado por Chasechemoey.

Seth era muito cultuado, entre outros, no Delta do Nilo do Nordeste, uma
área onde havia muito contato com os povos vizinhos. Na época dos
Hyksos, estes governantes asiáticos apoiavam o culto Seth e, em parte
por esta razão, seu culto era mais ou menos dirigido para o subsolo na
época da Renascença Saïtiana. Naquela época, Seth era cada vez mais
visto como o deus do mal - uma espécie de demônio -. No milênio entre
os Hyksos e Saïs, no entanto, nem sempre foi assim. Por exemplo, no
tempo dos Ramessides, Seth era o deus padroeiro da família real e vários
faraós foram nomeados em homenagem a esta posterior divindade

controversa, incluindo o pai de Ramsés II Sethi I, mas também o faraó
Sethnacht.

Tefnut

A deusa da umidade e das chuvas

Tefnoet ou **Tefnut** era a deusa da umidade na mitologia egípcia. Ela era descendente de Atum.

Mitologia

Segundo a teologia Heliopolitana, Tefnut ou Tefnut era filha de Ra e irmã-esposa de Shu, mas ela é uma espécie de divindade misteriosa. Ela criou a água clara para o rei falecido a partir de sua vagina, mas sua identidade estava em outro lugar. Sua primeira aparição nos textos do Antigo Egito está nos textos em pirâmide, onde ela representava a atmosfera do mundo inferior, enquanto Shu representa o mundo supremo. De acordo com outra história, Shu e Tefnut teriam se originado como dois leões. Assim, Tefnoet tornou-se então o Olho de Rá.

Culto

O centro de culto de Tefnoet era em Heliópolis, onde ela tinha um santuário com a Ennead, e em Leontopolis, no Delta. Lá ela era adorada com seu irmão e marido como dois leões. Os amuletos de Tefnoet são conhecidos no período tardio, mas realmente populares, eles eram em sua maioria locais.

Imagem

O Tefnut era geralmente representado em imagem humana muitas vezes com uma cabeça de leão. Em plena forma humana, ela usava um disco solar e um uraeus em sua cabeça. A deusa também poderia ser representada como uma cobra contorcendo-se em torno de um cetro, e às vezes como uma serpente com cabeça de leoa.

Deuses com Formas Masculinas e Femininas

Anubis

Também chamado Anpu ou Anup.

O deus cabeça chacal do embalsamamento que guiou as almas dos mortos através do reino do submundo de seu pai, Osíris

Embora o nome do deus seja traduzido em textos como Anubis, esta é na verdade a forma grega do nome egípcio Anpu. Gregos e romanos continuaram o culto ao deus nos tempos clássicos. Houve um votivo para ele em Roma, e os escritores latinos Plutarco e Apuleuis o mencionam em suas obras.

Anubis (grego: Ἄνουβις; egípcio: inpw) é um deus na mitologia egípcia. Ele foi retratado como um chacal ou como um humano com a cabeça de um chacal. Um chacal é um necrófago, e provavelmente a associação com este animal teria sido melhor para proteger os mortos da destruição.

Mitologia

Antes de Osíris se tornar importante, Anubis era o principal deus enterro.
No início, ele provavelmente só interferia em enterros e se dedicava a
seguir o rei no submundo. O nome 'Anubis (Inpu)' está ligado à palavra
'filho do rei' no mesmo relacionamento com Osiris. A cabeça do chacal foi
escolhida por causa dos chacais no deserto que estavam cavando nos
túmulos do antigo rei. O outro deus chacal era Wepwawet. No Velho
Reino, as orações eram escritas nas paredes de mastabas, e Anubis era
citado com muita freqüência nos textos em pirâmide.

Finalmente, o culto de Anubis foi assimilado ao de Osíris, que se dizia ser
o pai de Anubis e Anubis o embalsamou. Há vários mitos sobre sua
linhagem. De acordo com um texto, ele era filho de Hesat e Bastet, outras
fontes dizem que ele era filho de Seth ou Ra com Nephthys (de acordo
com uma fonte de Plutarchus). Ele era o filho ilegítimo de Osíris e
Nephthys, a irmã de Ísis. Isis tinha descoberto que Osíris a tinha traído,
mas Nephthys, não querendo a criança por medo de seu consorte Seth, a
tinha escondido. Isis encontrou Anubis e cuidou dele. Anubis também
garantiria que Osíris voltasse à vida, tornando-se a primeira múmia.

A função na morte de Anubis está perfeitamente refletida nos títulos que
lhe foram dados:

- *Predecessor dos ocidentais*, por causa dos túmulos nas margens
  a oeste do Nilo;
- *Senhor da Terra Santa*: reinar sobre os desertos;
- *Aquele que está na montanha sagrada*, baseado em um chacal
  sobre uma montanha, de olho nas coisas;
- *Soberano dos arcos*: governante dos povos estrangeiros ao redor
  do Egito.

Veneração

Anubis era especialmente amado nos 17 nomos do Alto Egito, onde um
interessante documento sobre topografia religiosa, o *papiro Jumilhac,*
também é preservado. Anubis foi o patrono daquele nomos: Cynopolis ou
el-Qeis. Sua religião foi adotada em todo o país. As muitas capelas e
imagens do deus o provam. Anubis tornou-se patrono dos
embalsamadores, e na necrópole de Memphite, ele também recebeu um
culto no *Anubieion* em Memphis, no período tardio. Também foram
encontradas máscaras do deus, que os padres usavam quando
embalsamavam o rei. O deus também tinha a ver com o nascimento, pelo
menos no Velho Reino, de acordo com a *pedra de Palermo.*

Imagem

O deus Anubis poderia ser representado de várias maneiras: como um homem com cabeça de chacal, como um chacal (mais tarde este se tornou um cão entre os gregos, que não viram a diferença) e como um homem entronizado com um cetro de cera. O deus é freqüentemente representado no *Salão da Verdade*, onde a alma do falecido era pesada. Ele era freqüentemente representado ao lado de Osíris e Thoth. Na época greco-romana (Alexandria), ele era representado com uma armadura como uma divindade protegida que cuidava de Horus.

Kek

Kek (*mv:* **Kekoe**, *syn:* **Koek** ou **Kekoei**) na mitologia egípcia era o conceito da escuridão do "espaço primordial" ou oceano primordial.

Como conceito, Kek foi considerado homem e mulher ao mesmo tempo (andrógino). No entanto, ele e sua contraparte feminina **Keket** (também **Kaoeket** ou **Kekoeit**) faziam parte do Ogdoade de Hermopolis, um grupo de oito deuses primordiais.

Como os quatro deuses primordiais masculinos da "ogdoah", Kek também foi representado com uma cabeça de sapo ou como um sapo, enquanto Keket, como os quatro deuses primordiais femininos, é representado com cabeça de cobra ou como uma cobra.

Um símbolo deificado da escuridão, Kek também representava a escuridão do conhecimento, da ignorância e do caos.

Nun

O caos primordial aquoso a partir do qual o universo foi criado

Noen ou **Nun**, também **Nau**, **Noe** ou **Nu**, foi a designação para a água primordial na mitologia egípcia, com sua contraparte feminina **Noenet ou Naunet.** Juntos, eles formaram o mais importante dos quatro pares de deuses primordiais da ogdoad de Hermopolis.

Foi descrita como "a imensurável escuridão". Nele, surgiu um relâmpago, que causou a luz da qual toda a vida poderia emergir. Os deuses, também, só mais tarde surgiram a partir disso.

Do oceano primordial surgiu uma ilha, o Monte Benben, e nela apareceu Atoem ou Tem (*o "não-ser" ou o "tudo"*). O mundo foi criado pela masturbação do deus Min.

A regeneração não era possível no mundo ordenado definido. Só foi possível quando o que estava velho e desgastado foi mergulhado nas regiões sem limites que rodeavam o mundo criado, ou seja, o poder curativo e dissolvente do oceano primordial Noen. Assim, o deus sol era elevado em seu barco todas as manhãs, como ilustrado no *Livro de*

Gates. Aqueles que dormiram também foram rejuvenescidos em Noen. Em um hino Ramessídico, os falecidos clamam ao deus sol que também eles são rejuvenescidos ao descer em Noen. Eles tiram sua existência anterior e vestem outra, como uma cobra faz com sua pele. Não surpreendentemente, o elemento rejuvenescedor circundante é retratado como uma cobra no *Amdoeat ("O Livro da Câmara Secreta")*. Este misterioso processo é representado em numerosas imagens: a passagem rejuvenescedora do sol pela noite pode ocorrer no corpo da deusa do céu ou no de um crocodilo gigante.

Além do conceito de deusas que deram origem a outras divindades específicas, havia também a idéia de uma *"Mãe dos deuses que deu origem a todos os deuses".* Por exemplo, a deusa Noet, que de acordo com os textos da pirâmide trouxe o sol e de acordo com os textos do sarcófago também a lua, muitas vezes carrega o epíteto *"ela que carregou os deuses".* Isto se refere aos corpos celestes que a deusa do céu "carrega" e "engole" diariamente (uma idéia que leva à representação de Noet como uma "porca celestial").

O deus Noen, especialmente a partir do Reino do Meio, recebe o epíteto equivalente *"pai de todos os deuses"*, que também se aplicava a Atum, Geb, Shu e Amon, Ptah e Horus, ou seja, deuses da criação. Noen foi considerada a água primordial na qual todos os deuses encontram sua origem e forma divina.

Deidades Menores (Masculino)

Apopis

Também se escreve Apep, Apop, Apophis, ou Aapef.

Uma serpente gigante, o demônio primário da noite, e o principal inimigo do deus sol Re

Apophis é o nome grego para o Apopis egípcio.

Apophis ou **Apepi** é um demônio serpente gigante na mitologia egípcia. Ele é mais comumente conhecido pelo nome grego Apophis. Apophis era considerado o antagonista dos deuses do sol Aton e Ra, e como tal, era um símbolo dos poderes das trevas. Apophis tentou engolir o deus sol ao nascer e ao pôr-do-sol enquanto viajava pelo submundo à noite. Se Apophis tivesse sucesso, o sol não mais se levantaria e o mundo ficaria sem vida. Felizmente, Ra protegeu o deus sol e expulsou o monstro. O sangue do demônio ferido coloriu o céu de vermelho como prova da vitória de Aton.

O deus foi visto pela primeira vez nas paredes do Reino do Meio. O deus foi adorado como uma divindade da fertilidade por alguns em tempos de pânico e pobreza (quando o Nilo não estava fluindo). No Novo Reino, esta divindade é mais comumente retratada em paredes próximas aos faraós. O deus era geralmente conhecido como o Deus do Caos no Egito.

Aparência

Apophis é representado como uma cobra grande e tortuosa. O contorcer-
se enfatizaria que a serpente era muito grande. Diferentes tipos de cobras
têm servido de modelo para este deus. Sempre Apophis é representado
em estado confuso e lutando com Ra ou outro deus, neste caso ele tem
várias facas em seu corpo.

Veneração

O antideus não era adorado em templos de uma cidade, mas era
representado em templos, onde era combatido por vários deuses. O deus
tinha seu próprio livro, o "Livro de Apophis", que continha vários feitiços
mágicos que poderiam destruir Apophis.

Há também um feitiço no Livro dos Mortos para combater este deus. Nos
últimos tempos, os feitiços foram listados em templos para proteger o
mundo (Egito).

Apis

O mais famoso dos touros sagrados do Egito, considerado a encarnação do deus Ptah e adorado como um deus no templo de Ptah, na antiga cidade de Memphis

Apis é uma divindade egípcia, representada como um touro com um disco de sol entre seus chifres.

No início da história, o touro era considerado um símbolo de fertilidade. Os reis do Velho Reino eram freqüentemente identificados com o touro e retratados como tal. Os governantes do Novo Reino também foram freqüentemente apelidados de "Touro Forte". Apis permaneceu uma divindade local ao longo da história egípcia. Entretanto, isto mudou durante o reinado de Ptolemaic. Então a adoração do touro Apis se tornou um verdadeiro culto.

Ao escolher um novo touro Apis, os seguintes fatores foram levados em consideração: ele tinha que ser razoavelmente jovem (um pouco mais velho que um bezerro), tinha que ser um touro preto e ter um triângulo branco na testa. Se o novo Apis foi encontrado, ele foi anunciado publicamente e uma grande festa foi organizada em Memphis para celebrar este feliz evento. O touro em si não teve que fazer nada durante toda sua vida, e foi devidamente mimado por seus próprios padres. O touro morreu, isto foi novamente anunciado publicamente, e vários dias de luto nacional foram anunciados. O touro foi então mumificado e enterrado em um mausoléu onde seus predecessores também estavam, na necrópole de Saqqara. Ele foi então adorado por seus próprios padres da morte.

O touro Santo Apis de Memphis foi creditado com mais traços. Assim, ele foi considerado a encarnação terrena do deus Ptah.

Como o touro formou um vínculo com Osíris após sua morte, ele também foi considerado um deus da morte. Foi este touro que carregou a múmia de uma pessoa falecida às costas para ser enterrado.

Metamorfoses

Na *Metamorfoses* do escritor romano Ovid, no final do Livro I e início do Livro II, é contado como o amante de Júpiter Io teve que fugir para o Egito como uma vaca para escapar da ira da esposa de Júpiter, Juno. No Egito, Io tornou-se novamente humana e adorada como a deusa Ísis. Seu filho de Júpiter era Epafus, ou Apis. Epaphus ofendeu Phaeton, que então pediu a seu pai Helios, o Sol, que dirigisse sua carruagem solar por um dia, com conseqüências devastadoras para a Terra.

Aker

Aker era um deus egípcio. O deus foi cunhado no período pré-dinástico, semelhante ao deus Min. Aker não é mencionado nos textos em pirâmide, mas está presente nas pinturas de túmulos.

Aker é retratado como dois leões sentados de costas um para o outro. Outras variantes são:

- Um país (ta) com a cabeça de um leão no final
- Um leão com duas cabeças humanas

O papel do deus

O deus Aker representa os horizontes ocidental e oriental. Ele tinha um papel protetor; por exemplo, Aker era conhecido por trazer o barco do deus sol Ra com segurança de oeste para leste durante a noite, sem ser atacado pelo demônio serpente Apophis.Os antigos egípcios acreditavam que o sol viajava através de um túnel na terra à noite, um túnel com um portão ocidental (onde o sol entrava) e um portão oriental (onde saía). Estes dois portões foram respectivamente guardados por um deus leão, que juntos formaram o Aker. O Faraó também poderia usar esses portões em sua viagem ao reino dos mortos, que Aker abriu para ele quando lançou os encantamentos certos. Como ele personificava os horizontes, que eram as entradas e saídas para o submundo, ele desempenhou um papel importante na esfera funerária. A imagem dos dois leões também é freqüentemente usada na entrada de templos e palácios. Além da representação de Aker dos horizontes oriental e ocidental, ele também era conhecido por ser capaz de absorver o veneno das picadas de cobra, ou neutralizá-lo em caso de ingestão.

Culto

Aker era um deus que não era cultuado. Não tinha centro de culto, mas era visto mais como um elemento de textos após a morte.

Banebdjedet

Banebdjedet (Banedbdjed), na mitologia egípcia, era o antigo deus carneiro adorado principalmente no Delta do Nilo. Banebdjedet significa "o ba Senhor de Djedet" (a cidade de Mendes). Como a onomatopéia *ba* (como 'espírito' ou 'alma') soava como a palavra 'ba' que significa 'carneiro', o deus foi visto na mitologia como representando a alma de Osiris. No período tardio, essa associação foi estendida a quatro manifestações da alma, a saber, as do Re, Osiris, Shu e Geb - um aspecto da natureza do Banebdjedet que contribuiu significativamente para sua importância. Pois estes foram os primeiros quatro deuses a governar o Egito, para os quais se encontram grandes santuários de granito no santuário de Banebdjedet. O deus equivalente do Alto Egito era Chnoem.

Iconografia e função

O *Livro da Vaca Celestial* dá uma descrição do *"Carneiro de Mendes"* como sendo o Ba de Osiris.Banebdhedet foi retratado como um carneiro ou um homem com cabeça de carneiro, ou como a cabeça de um carneiro por si só. Imagens com quatro cabeças sobreviveram do Novo Reino, duas olhando para frente e duas olhando para trás, para expressar as almas dos quatro deuses, que ele representava. Foi por causa das conotações sexuais do culto que os primeiros cristãos demonizaram o Banebdjedet.
 Uma entrada do papiro Chester Batty I preservado no Templo de Ramsés III (Medinet Haboe) trata das "brigas entre Horus e Seth". Neste mito do Novo Reino, há um debate sobre qual dos dois deveria ser dado o trono e aqui Banebdhedet desempenhou um papel importante como mediador para que os deuses buscassem o conselho de Neith. Ele desejava a paz e mantinha que os desastres viriam se os deuses negligenciassem a senhora. Mas à medida que a discussão avançava, Banebdhedet saía cada vez mais forte com sua preferência por Seth porque se dizia que ele era o mais velho.

Em uma capela do Ramesseum, uma estela mostra como o deus Ptah tomou a forma de Banebdjedet, por causa de sua virilidade, para então ter relações sexuais com a rainha Thuja, que daria à luz a Ramsés II. A estela é suposta confirmar a origem divina deste faraó.

Culto

O centro do culto ao Banebdjedet foi em Mendes (hoje o Tell el-Rub'a) no Delta Norte. Ali o deus era adorado junto com sua esposa, a deusa golfinhos Hatmehyt, e seu filho Harpocrates. Um cemitério com sarcófagos para os carneiros sagrados do deus foi lá descoberto. Mas há poucas relíquias de seu culto. De acordo com o escritor grego Pindarus, o carneiro foi autorizado a ter relações sexuais com mulheres durante os rituais durante sua adoração, mas não há registro disso em fontes egípcias. No Delta, Banebdjedet continuou sendo uma divindade importante, mas foi gradualmente substituído por divindades de carneiro do Alto Egito. Os amuletos de cabeça de carneiro do período tardio provavelmente representam esta divindade, pelo menos quando retratam a natureza quádrupla da divindade com quatro cabeças.

Baga

Um deus anão benevolente associado ao parto, com música e dança, jovialidade, alegria e prazer

Bes ou **Bisu** (grego antigo Βησάς) é um dos deuses mais antigos do panteão na mitologia egípcia.

Imagem e função

A baga é retratada como uma anã de barba grande, rosto de leão, nariz plano, língua saliente, sobrancelhas ásperas, orelhas grandes salientes, braços longos e grossos, pernas dobradas e uma cauda. Às vezes ele veste uma pele de pantera. Na cabeça, ele usa uma coroa com plumas altas, que se parece muito com o cabeleireiro da deusa Satet, também um membro da tríade de deuses do Elefantino. Ele era um deus associado à alegria e ao vinho, assim como ao nascimento e ao afugentamento de demônios e outros inimigos.

Ele é o tipo de homem sudanês alegre e feliz, que adora boa comida e bebida e se divertir, festejar e se divertir, e que estava sempre pronto para fazer amor e lutar contra seus inimigos.

Origem e culto

Sua forma pigmeu e seu penteado indicam que ele é uma divindade de origem sudanesa. Não há dúvida de que seu culto é muito antigo. Normalmente, ao contrário de outras divindades egípcias, ele é retratado à primeira vista, como a deusa Qetesh nua e depois aparece como dançarina ou tocadora de música. Ele tocou a lira e a harpa, e provavelmente se apresentou como cantor tribal. Como soldado, ele veste uma túnica curta com cinto e segura uma espada curta na mão direita e um escudo na esquerda.

Bes nunca foi um deus cujo sacerdócio desempenhou um papel importante, mas ele era popular entre o povo comum, especialmente nos tempos tardios. Naqueles dias, especialmente nos Oásis Ocidentais, surgiu um culto em torno de Bes. Somente no oásis da Bahiria existe um pequeno templo dedicado a ele. Para o resto, Bes foi uma deidade popular frequentemente invocada. Encontramos inúmeros pequenos amuletos ou estatuetas dele. Ele também foi representado na cabeceira das camas como uma figura apotropaica (remendo de travessuras). Pequenas folhas de papiro também foram encontradas com feitiços que serviram como orações de tiro.

A primeira menção de Bes vem do Texto da Pirâmide (§ 1768 c), que menciona "a cauda de Bes".

No reino de Tutmose I, ele está associado com a deusa hipopótamo Taweret ou Apet e ambos são encontrados na câmara de nascimento onde a rainha Hatshepsut está prestes a nascer. Mas o anão ou pigmeu deve ter sido associado a uma crença popular muito antiga do Sudão. O rei Assa (V dinastia) enviou um enviado sênior à 'Terra dos Espíritos' no Sudão, e ele voltou com um pigmeu que dançou 'a dança do deus' para ele. Outro enviado, Herkhuf também trouxe um pigmeu para Pepi II em Memphis. Nos Textos da Pirâmide, três faraós são identificados com "o anão da dança do deus que evitou o coração do deus". (§ 1189 a). Como é bem conhecido, a dança no Sudão e em outros lugares foi um ato de devoção. Thutmose III dançou para a deusa Hathor.

Sob o Novo Reino, os atributos de Bes sofreram mudanças significativas. Foram encontradas tatuagens de Bes nas coxas de dançarinos, músicos e escravos.

O nome de Bes foi dado em Coptic como BESA. A contraparte feminina de Bes foi chamada **Beset** ou **Besit**.

Buchis

O touro sagrado **Buchis** era um deus touro do antigo Egito. Ele era cultuado na região de Tebas.

Mitologia

O touro sagrado conhecido pelos gregos como Buchis que no Egito se tornou bakh, ba-akh etc. era venerado na área de Armant e em Tebas. Os touros foram enterrados como deuses em um edifício do Bucheion e que foi descoberto em 1927, a partir do Novo Reino, os touros foram enterrados ali, até o tempo do Imperador Diocletianis. O local do enterro das mães dos touros Buchis também foi encontrado em Armant. O culto durou até 400 d.C. na época romana, um escritor Macrobius descreveu o ritual.

Culto

Buchis foi associado com Ra e Osiris e certamente com Mentoe, ele era adorado em Tebas e em Armant e em outros lugares. Havia um touro em um lugar que era o deus na terra. Ele foi retratado em uma estátua quando nenhum Buchis estava disponível. Buchis (como outros deuses touro) forneceu um oráculo importante, mas o deus também era conhecido por suas habilidades de cura, especialmente para o olho.

Imagem

Segundo um antigo autor, Buchis era um animal de corpo branco e cabeça preta, o deus não pode ser facilmente distinguido de outros deuses touro. As imagens nos amuletos são difíceis de distinguir se é Buchis, o deus é conhecido a partir de uma estela da 19ª dinastia. Mas às vezes o deus tem um disco de sol com duas penas, isto se refere ao Mentoe.

Geb

Geb (**Seb**, **Keb**) é o deus da terra na mitologia egípcia. De acordo com a história da criação, ele era o filho do deus do céu Shu e a deusa da água Tefnut.

Sua irmã Noet, a deusa do céu, estava em seus braços enquanto estava escuro e por isso tiveram filhos Osíris, Isis, Seth e Nephthys. Ele pertencia à Ennead de Heliópolis

Ele também era um deus da fertilidade e geralmente é representado de verde e em um corpo humano com um falo. Às vezes ele usava a coroa vermelha, mas geralmente tinha um ganso na cabeça. Ele é frequentemente visto reclinado sob sua irmã Noet. Os terremotos também são atribuídos a ele como o "riso de Geb".

Geb pegou as almas mortas de pessoas más para que elas não pudessem entrar na vida após a morte.

Com Noet, ele foi o pai de Osiris, Isis, Seth e Nephthys. Com Renenutet, ele foi o pai de Nehebkau.

Heh

Na mitologia egípcia, **Heh** (plural **Hehoe**) era a personificação do sem forma e do sem-fim - geralmente no sentido de uma eternidade atemporal. Heh, junto com sua contraparte feminina **Hehet** (*syn:* **Haoehet** ou **Hehoet**), fazia parte do Ogdoad de Hermopolis. Este é um grupo de oito deuses primordiais.

Como os quatro deuses primordiais masculinos da ogdoah, Heh também foi representado com a cabeça de um sapo. Ele também é freqüentemente retratado como humano, ajoelhado, com peruca divina e barba encaracolada, muitas vezes em conotação com ouro (símbolo da eternidade), e em suas mãos veias de folhas de palmeira esculpidas (símbolo dos anos) com um anel de shen ring no fundo de cada uma, símbolo da eternidade. Heh também foi egípcio antigo por "milhões de anos" ou *eternidade*. Além disso, o deus Heh desempenhou um papel importante na história da criação de Hermopolis Magna.

No regalia do faraó, ele é mostrado como um amuleto. Isto simboliza a longa vida útil.

O deus Heh estava ajoelhado sobre uma cesta tecida que se ergue como um sinal para o tudo, universalidade e domínio. Anchtekens estavam conectados a suas mãos ou braços. Heh foi associado ao mito da "vaca celestial", que foi apoiado por Shu junto com oito divindades Heh, duas em cada perna. Heh também foi associado com a celestial sun-bark, que ele levantou para o céu uma e outra vez após a viagem noturna do sol através do submundo.

Em hieróglifo, Heh significava "um milhão". Este sinal estava, portanto, associado à noção de milhões de anos. E Haoehet foi também a palavra egípcia alternativa para a eternidade, *djet*.

A imagem Heh expressava o desejo de uma vida longa e era freqüentemente encontrada em amuletos tão cedo quanto o Velho Reino. Vários objetos no túmulo de Tutankhamun também foram decorados desta forma, indicando que a presença deste deus ainda era importante mesmo nas crenças do Novo Reino.

O deus Heh não deve ser confundido com o deus Hoe.

Khenti-Amentiu

Chentiamentioe ou *Khentia-mentiu* (ou outras ortografias) era um deus da mitologia egípcia. O nome também foi usado como epíteto para Osiris e Anubis.

Significado do nome

O nome Chentiamentioe significa "Frente dos Ocidentais". Na parte ocidental do Nilo, os mortos foram enterrados e os mortos foram chamados de "ocidentais". O título se refere ao líder dos mortos.

No início do período dinástico, o nome do deus foi escrito com um hieróglifo de um chacal. Isto é visto como um determinante para indicar a forma do deus. Terence DuQuesne argumenta que o hieróglifo com o chacal representa o nome de Anubis e que Chentiamentioe era originalmente uma manifestação de Anubis.

Aparência

O deus foi retratado como um chacal.

Veneração

O deus tinha seu centro de culto em Abydos. Seu papel era o de guardião da cidade dos mortos. Sua adoração foi atestada desde cedo em Abydos, talvez até mesmo antes da unificação do Egito em 3100 AC. O nome foi encontrado em um par de selos de cilindro para os faraós Hor Den e Qaä. Nesses cilindros, todos os antecessores são nomeados com o título "Horus Chentiamentioe", que começa com "Horus Chentiamentioe Narmer".

O Templo de Osiris-Chentiamentioe em Abydos foi construído no período pré-dinástico dedicado a este deus. Toby Wilkinson sugere que nestes primeiros tempos o nome estava ligado a Osiris. A partir do Reino do Meio, o templo foi dedicado ao deus Osíris.

As funções mitológicas de Chentiamentioe, Osiris e Anubis foram alteradas no final do Velho Reino. Originalmente, a fórmula sacrificial era dedicada apenas a Anubis. A fórmula sacrificial assegurava que a pessoa morta pudesse continuar a participar de sacrifícios. Na 5ª Dinastia do Egito, vários deuses apareceram na fórmula sacrificial, incluindo Osíris e

Chentiamentioe. Após a 5ª Dinastia do Egito, o título de Chentiamentioe ficou entrelaçado com o de Osiris.

Min

Também chamado Amsu.

Um deus da fertilidade, da geração, da chuva, das boas colheitas e da virilidade

Os gregos identificaram Min com seu deus Pan.

Min era o deus da mitologia egípcia que atuava principalmente como um deus da fertilidade, mas também era o protetor das estradas e das minas no deserto oriental.

Min é facilmente reconhecido por seu falo rígido que às vezes ele segura na mão esquerda. Isto está relacionado ao seu estado de fertilidade. Na mão direita levantada, ele segura um flail, como um símbolo real de poder. Ele é representado como um homem mumificado e usa uma coroa com duas plumas de águia. A coroa é a mesma de Amon, razão pela qual ele foi identificado com ela em tempos posteriores.

No início da temporada, foi-lhe oferecida alface venenosa (*Lactuca virosa*) que, segundo se dizia, continha um afrodisíaco. Seus principais locais de culto são Koptos e Achmim. Este último lugar foi posteriormente chamado pelos gregos de Panopolis, porque identificaram Min com o deus Anatoliano Pan. O culto mais antigo dele é provavelmente no leste do país, perto das minas, das quais ele também foi protetor.

Em Achmin, o arqueólogo britânico Flinders Petrie encontrou algumas estátuas muito grandes de Min, que datam de 3000 a.C., no início do século 20. Estes estão atualmente no Museu Britânico em Londres.

Mnevis

Na mitologia egípcia, **Mnevis** era o nome grego dado em Heliópolis para **Mer-Wer** (ou em sua forma mais antiga *Nem-Wer*, de acordo com os textos do sarcófago), e era um deus touro. Originalmente considerada uma divindade independente, ela foi muito cedo incorporada ao culto do deus sol.

Mitologia

Segundo Manetho, o culto Mnevis foi introduzido na 2ª dinastia do Egito, mas ele parece apenas um "deus menor" do que "*o touro de Heliópolis*" *nos* Textos da Pirâmide. Gradualmente, porém, Mnevis foi considerado como a *ba* de Ra e uma manifestação da combinação Re-Atoem, ganhando considerável importância. Segundo Plutarchus, o touro Mnevis ficou em segundo lugar em importância após o touro Apis de Memphis, mas gozou de igual respeito e privilégios. Por exemplo, também concedeu oráculos. Os padres de Heliópolis chegaram ao ponto de afirmar que Mnevis era o pai de Apis, para aumentar a importância de seu culto. Embora tenham sido mencionadas ligações entre Mnevis e Osiris (por exemplo, em nomes duplos como Mnevis-Osiris ou Mnevis-Wennefer), isto não indica necessariamente uma relação mitológica, mas sim uma fusão abstrata (sincretismo) de divindades solares e do submundo.

Imagem e atributos

Como com outros touros sagrados, havia apenas um único touro Mnevis de cada vez. O espécime vivo foi selecionado com base em um cânone fixo de características. Por exemplo, ele tinha que ser uniformemente negro. Na iconografia, portanto, ele é representado de preto e geralmente usava um disco de sol e um uraeus entre os chifres como seus únicos atributos.

A pedra de Roseta afirma que Ptolomeu V fez provisões para Apis, Mnevis e outros animais santificados, em uma escala muito maior do que seus predecessores haviam feito. O touro e o carneiro representavam a força e a fertilidade masculina.

Assim como com Apis, sem dúvida Mnevis também tinha certas características salientes que os padres examinaram ao selecionar o espécime para representar o deus.

O Touro do Céu

Nas vinhetas do capítulo 148 do Livro dos Mortos do Egito, o Touro do Céu aparece como uma criatura mítica ou divindade associada aos céus e à vida após a morte. Ele é, portanto, chamado *"Touro do Oeste"* (onde o sol se põe). O touro foi nomeado como marido de sete vacas que normalmente estavam em sua companhia. Uma imagem é encontrada na tumba de Nefertari da 19ª dinastia egípcia. Os chifres deste touro juntos formam claramente uma fina lua crescente. As sete vacas do céu e o touro do céu negro também são retratados em um papiro por Nestanebettawy do Terceiro Período Intermediário (Museu Egípcio, Cairo).

O touro do céu também era um símbolo na antiga Pérsia, onde eram chamados de *lamassu*. Veja também o artigo Bullman.

Culto

O culto ao touro Mnevis foi instituído em Heliópolis por Raneb, um faraó da 2ª dinastia, mas não há dúvida de que tanto o culto a Apis quanto o de Mnevis já estavam ocorrendo nos tempos pré-dinásticos.

O touro Mnevis (NEM-UR no Egito) foi adorado em Heliópolis como "o Deus Sol Vivo" na sucessão de vidas tanto de Ra como de Osiris. Como Apis, ou ele era negro ou sombreado.

O touro tinha seu próprio harém de vacas com duas esposas que foram identificadas com Hathor e Iusaas.

Quando o touro morreu de morte natural, ele foi enterrado em um cemitério especialmente designado.

Devido a sua forte conexão com o sol, era um dos poucos deuses aparentemente tolerados e adorados por Akhenaten junto com seu novo deus Aton. Ele até implementou o decreto para um cemitério adequado para o deus no El Amarna, embora sua localização nunca tenha sido encontrada. Mais tarde, tal cemitério foi localizado a nordeste do templo em Heliópolis; havia também um para as mães dos touros Mnevis. Eles foram identificados com a deusa Hesat.

Além de Heliópolis, Mnevis era adorado em outros lugares, nos tempos greco-romanos Dendera e Edfu. Em Soknopaiu Neso, no Fayoem, havia um templo para Serapis-Osoromnevis, uma combinação de Osíris com Apis e Mnevis.

Serapis

Também se soletra Sarapis, Ausar-Apis, ou Osorapis.

Uma divindade composta que uniu os atributos de Osíris, deus do Duat (submundo), e o touro Apis adorado na cidade de Memphis

Serapis era um deus antropomórfico helenístico cujo culto era originário do Antigo Egito. Serapis é o deus da vida após a morte, da fertilidade das áreas agrícolas, do sol, do submundo e da medicina. Ele é o marido de Isis. Seu culto também teve grande apelo fora do Egito e foi difundido no Império Romano.

Sincretismo

Serapis é um fenômeno típico de seu tempo, onde havia um verdadeiro sincretismo entre os deuses. O próprio Serapis foi uma contração entre Osíris e o deus touro Apis. O nome Osirapis, vem de uma divindade mais antiga: o touro Apis transformou-se em Osiris. Ele assumiu uma aparência grega, no entanto, e seu culto foi, portanto, fortemente praticado principalmente pela camada grega do Egito Ptolemaic, com Apis permanecendo especialmente popular entre os egípcios nativos. Entretanto, o deus Serapis ainda estava associado a inúmeras outras divindades: Plutão, Asclepius, Amon, Zeus, Helios, Dionysos e Aiōn. Os gregos estavam acostumados às divindades antropomórficas, mas lutavam com as divindades egípcias retratadas como animais. A nova divindade Serapis deveria conectar os dois mundos.

Origem

Sobre as origens do culto, Plutarco relata que Ptolomeu I Soter I teve um sonho no qual um deus do Mar Negro o instruiu a transferir seu culto para o Egito. Este deus foi então reconhecido pelos sacerdotes como Serapis. Ptolomeu havia sido coroado rei em 305 a.C. Juntamente com conselheiros gregos e egípcios, ele quis reunir as populações separadas de gregos e egípcios nas celebrações estaduais de Osiris e Ano Novo. Neste contexto, Serapis foi nomeado deus chefe dos governantes gregos. O Serapeum de Alexandria recebeu seu próprio templo grego de Serapis com uma estátua de Serapis com mais de 10 metros de altura.

Entretanto, o culto de Serapis também pode ter tido origem mais cedo, ou seja, sob Alexandre o Grande, mas não há certeza sobre isso. Sabemos com certeza que o deus Serapis existiu sob Ptolomeu II Philadelphus.

Como Serapis foi provavelmente criado sob as ordens dos Ptolemaeans, ele logo se tornou o protetor da dinastia Ptolemaic e seu culto foi encorajado por eles. Entretanto, o deus Serapis tinha muitas outras qualidades: de Asclepius ele tinha sua capacidade de cura e seu sincretismo com Osíris assegurava que ele também estivesse envolvido na agricultura e no submundo. Serapis era adorado como salvador em vida e morte, como revelador no oráculo, como salvador na doença e na angústia solitária e como protetor dos marinheiros.

Características

Serapis tem uma aparência completamente grega: com seus cabelos encaracolados e cheios, muitas vezes com cinco mechas na testa e barba, ele se parece muito com Zeus e Plutão. Um novo elemento é o *kalathos* (cesta para lã ou tartan) ou *modius* (medida de milho), que fica em sua cabeça, simbolizando a fertilidade da terra. Em algumas representações, ele usa a coroa com penas de avestruz e os chifres de carneiro de Osiris. Como Osíris deus do submundo, ele pode ser acompanhado pelo cão Cerberus de três cabeças. Às vezes Serapis é retratado junto com Isis como uma cobra com cabeça humana.

Sua iconografia influenciou a representação do deus da criação na antiga arte da igreja. Alguns motivos visuais que os coptas emprestaram da tradição de Osíris, Ísis e Horus, tais como a deusa mãe alimentando seu filho.

Serapeum

Um templo dedicado ao deus Serapis é chamado de Serapeum. O
santuário mais importante é o Serapeum de Alexandria, a capital dos reis
de Ptolemaic. O local de sepultamento tradicional dos touros Apis em
Sakkara também era chamado Serapeum naquela época.

Distribuição

O culto de Serapis também se espalhou no Império Seleucida e no
período imperial para muitas províncias romanas, inclusive a Gália.

Trivialidades

Louis Couperus descreve uma visita ao Serapeum em Canopis e a
terapia, que consiste em sonhar e explicar o sonho, em seu Turismo
Antigo. Novela do Antigo Egito.

Wepwawet

Wepwawet (também escrito como **Oepoeaoet** ou **Upuaut**), pronunciado:
Oep-oe-a-oet, era um deus da mitologia egípcia. Seu centro de culto
ficava na cidade de Lycopolis, hoje Assioet, capital do 13º nome do Alto
Egito.

Seu nome significa "o abridor das estradas", pois ele era originalmente
um deus da guerra cuja função era limpar as estradas para o exército. Ele
foi retratado como um lobo, daí o nome Lycopolis, que significa cidade do
lobo. Também foi dito que ele acompanhava o faraó nas caçadas.

Mais tarde, como Wepwawet era visto como um deus da guerra e,
portanto, da morte, foi-lhe dada também a tarefa de limpar o caminho do
deserto até o cemitério. Isto também foi associado ao deus Anúbis, por
isso ele também foi retratado como um chacal e recebeu o título de
"Senhor da Terra Santa". Ele desempenhou um papel importante no
enterro de Osíris em Abydos.

Divindades menores (Feminino)

Ammit

Ammit ou **Ammut** era, na mitologia egípcia, a personificação da retribuição divina por todos os pecados que uma pessoa havia cometido durante sua vida. Ela vivia no Salão da Ma'at, no submundo, Duat, perto da balança da justiça, onde os corações dos mortos eram pesados por Anubis contra a Ma'at, o princípio da verdade e da justiça. Os corações daqueles que falharam no teste foram dados a Ammut para devorar, e suas almas não foram autorizadas a entrar em Aalu. Assim eles tiveram que vagar inquietos até a eternidade, morrendo assim uma segunda morte. Algumas histórias dizem que foram decapitados pelo carrasco de Osíris, Shesmoe.

Ammit não era adorada, e nunca foi considerada uma deusa. Em vez disso, ela encarnava os medos de todos os egípcios, sob a ameaça da eterna inquietação se eles não seguissem o princípio da Ma'at. É por isso que Ammit é representada com a cabeça de um crocodilo, a frente de seu corpo de leão ou leopardo, e com suas costas em forma de hipopótamo, uma combinação do que os antigos egípcios consideravam os animais mais perigosos. Ela é muitas vezes descrita como um demônio, mas na verdade ela é um bom poder porque destrói os maus.

Seu papel se reflete em seu nome, que significa *Devorador* ou, mais precisamente e menos eufemisticamente, *Comedor de ossos*, e seus títulos de *Devorador dos Mortos*, *Devorador de Milhões* (*Am-heh* no Egito), *Comedor de Corações* e *Grandeza da Morte*.

Ammit também é comparado a vários deuses. Por exemplo, Turgis, um hipopótamo feroz e carnívoro. Ou com Taweret, que tem características físicas semelhantes, como companheiro de Bes. Ele impediu que todos ficassem mal. E também com Sekhmet, a feroz deusa leoa. Ela também bebia sangue e era a deusa da guerra.

Morcego

A deusa morcego era uma deusa vaca do Antigo Egito.

Papel mitológico

Ela desempenhou um papel importante no final do período pré-dinástico, mas quando exatamente a deusa foi adorada pela primeira vez, não está claro.

Há poucas referências mitológicas à deusa. As primeiras provas escritas para a deusa encontram-se nos textos em pirâmide, que a chamam de "morcego com suas duas faces". Uma referência à dupla imagem da deusa como vista no sistra. Outra evidência é um peitoral da 12ª dinastia do Egito no qual o morcego está entre Horus e Seth, simbolizando a unidade do Egito.

Há uma teoria de que a deusa foi importada da Mesopotâmia.

Aparência

A deusa Morcego é raramente retratada na arte egípcia, no entanto, ela tem uma aparência específica na qual ela difere de Hathor. O morcego é retratado com uma cabeça humana com chifres e orelhas de vaca. Ao contrário de Hathor, os chifres curvam para dentro.

Exemplos de imagens de morcegos são:

- Em um sistrum.
- Sobre o menat; um colar e também um objeto musical.
- O topo da paleta Narmer retrata duas cabeças de vaca olhando para baixo. O rei também veste uma peça de vestuário com pequenas cabeças de vaca.
- Uma cabeça de vaca estilizada com estrelas na paleta Gerzeh.

Durante o Reino do Meio, o culto ao morcego foi tomado pelo de Hathor, entretanto, seu rosto continuou a ser visto nas colunas de Hathor.

Culto

Bat era a padroeira do 7º nome egípcio superior, cuja capital era Diospolis
Parva, localizada na área da atual Nag Hammadi. Seu centro de culto era
conhecido como "o domínio do sistrum". Ela era uma deusa local
importante. No Novo Reino, ela foi identificada com Hathor.

Hatmehit

Hatmehyt, **Hatmehit**, ou **Hatmehyt** foi originalmente a deificação do Nilo pelo povo de Per-banebdjedet, Mendes. Localmente, ela era uma deusa de peixes menor no Delta do Nilo. Não há indicação de que ela tenha desempenhado um papel importante em qualquer ciclo mítico, mas muito pouco se sabe sobre ela.

Nome

O nome Hatmehyt é traduzido como *Casa de Mehit*, (Hat Mehit), o que implicaria uma conexão com Hathor, ela mesma uma das divindades mais antigas do Egito, cujo epíteto também era Mehit, significando *grande riacho*. Esta seria possivelmente a associação com as águas primordiais do início dos tempos, concretizada no Nilo. Outras deusas associadas com as águas primordiais em outros lugares são Moet e Naunet.

O nome é explicado por Wilkinson como "*ela que precede o peixe*", que na verdade era um epíteto. Segundo ele, poderia indicar a excelência como uma deusa dos peixes líder, ou uma precedente no tempo, como a anterior ao mundo primordial. Na ausência de exemplos míticos, porém, ele tende a optar pela primeira. A deusa Hatmehyt acabou sendo incorporada ao culto de Banebdjedet, o deus ram fértil de Mendes, que lhe foi acrescentado como uma eega.

Iconografia

Hatmehyt foi representado como uma figura feminina em um trono com o emblema ou coroa de peixe na cabeça, ou na forma de um peixe. Às vezes se pensou que o emblema desta deusa era um golfinho, o que poderia sugerir a influência minóica, mas agora se supõe que seja a espécie de peixe comumente usada no Nilo, o peixe Lepidotus.

Culto

Sem dúvida, uma vez deve ter havido um templo para esta deusa no Delta do Nilo. Entretanto, apesar de sua eventual fusão com o culto do deus carneiro, parece ter havido pouco culto a Hatmehyt fora do delta no Egito. Amuletos dos peixes Schilbe, como símbolo da deusa, aparecem pela primeira vez no início da 26ª dinastia.

Hatmehyt ("*Primeiro entre os peixes*") foi possivelmente a divindade original de Mendes. Junto com Banebdjedet e seu filho "*A Criança Horus*", eles formaram a chamada tríade de Mendes.

Quando surgiu o culto de Osiris, o povo de Mendes respondeu legitimando sua autoridade através do casamento com Hatmehit. Foi principalmente a Ba de Osiris, conhecida como *Banebjed* (literalmente: *Ba do senhor do djed*, referindo-se a Osiris), que foi considerada casada com Hatmehit.

Quando Horus começou a ser considerado filho de Osíris, conhecido como *Harpocrates* (*Har-pa-khered* in Ancient Egyptian), Hatmehit foi consequentemente chamado de sua mãe. Como esposa de Osiris e mãe de Horus, ela acabou sendo equiparada a uma forma de Ísis.

Hesat

Hesat (Antigo Egito para o *leite* ou o *selvagem*, também **Hesahet**, ou **Hesaret**) era uma deusa vaca com múltiplas associações na mitologia egípcia. Esta deusa era adorada em tempos pré-dinásticos como a vaca do céu. Nos Textos da Pirâmide, ela aparece como a mãe de Anubis.

Ela era considerada a leitora de todos os deuses, *ela que produz todos os alimentos,* e foi representada como uma vaca branca com uma cesta de alimentos em seus chifres, enquanto o leite fluía de seu úbere.

Nesta forma terrena, ela era ambiguamente a mãe de Anubis, o deus da morte, porque, como nutridora, ela trouxe vida, enquanto Anubis, como representante da morte, a retomou. Como a manifestação terrena de Ra era o touro Mnevis, Anubis como filho, o touro Mnevis como pai, e Hesat como mãe, eram adorados como uma tríade de Deus.

Hesat também foi vista como a manifestação de Hathor, a vaca celestial em sua forma mais antiga, mas em uma encarnação terrestre. Assim como Hathor, ela foi chamada de esposa de Ra.

Hesat também é nomeado como a mãe do faraó falecido, caracterizado como seu filho na forma de um bezerro de ouro. Além disso, ela era a alimentadora divina do faraó vivo.

Esta deusa também amamentou uma série de touros divinos e foi acima de tudo a mítica mãe do touro sagrado Mnevis, e de acordo com alguns textos do touro Apis.

Em Heliópolis, as vacas-mãe do touro Mnevis foram enterradas em um cemitério especialmente dedicado a Hesat após sua morte.

As pessoas também receberam leite da Hesat, razão pela qual ela também foi chamada de Tenemit, a deusa da cerveja. Ela possuía a capacidade de matar a sede através da "cerveja Hesat".

Na época Ptolemaic, Hesat foi equiparado a Isis. Ela era adorada na forma da sagrada vaca Ísis-Hesat.

Meretseger

A deusa **Meretseger** é uma deusa egípcia de Tebas que foi venerada pelos trabalhadores que fizeram os túmulos do rei.

Mitologia

Meretseger era a deusa do pico em forma de pirâmide no coração do Vale dos Reis, no oeste de Tebas, no Egito. Hoje, esta montanha é chamada de el-Qurna ou Corno de Kurna; ela tem 450 metros de altura. A montanha tem a forma de uma pirâmide e pode ser uma referência às pirâmides tradicionais do Velho e Médio Reino.

Às vezes Meretseger era chamada de *Djemet-Imentet* ("o pico do oeste") após seu local de adoração, mas seu nome principal era *Meretseger* ("Ela que ama o silêncio"). Um nome apropriado para uma deusa de uma região solitária e selvagem, sem habitantes permanentes, exceto os trabalhadores que fizeram os túmulos dos reis.

A deusa foi considerada perigosa, mas também indulgente. Ela foi associada à Hathor.

Aparência

Meretseger era geralmente retratado como uma serpente enrolada, uma cobra elevadora ou como uma deusa humana com uma cabeça de serpente ou como um escorpião com uma cabeça feminina. Ela também foi retratada com chifres de vaca e disco solar. A cobra e o escorpião estavam entre os poucos animais que viviam no deserto e eram, portanto, adequados como manifestações da deusa.

Culto

Meretseger era adorado apenas pelos trabalhadores da necrópole real. Imagens e súplicas para a deusa foram estabelecidas no Novo Reino. Após o Novo Reino, muito pouco trabalho foi feito na necrópole e assim a adoração da deusa desapareceu.

Um monte de estelas foi encontrado em Tebas, perto da vila da classe trabalhadora de Deir el-Medina. Algumas destas estelas imploram o perdão da deusa, acreditava-se que Meretseger se vingaria dos culpados de crimes, tirando a visão ou esfaqueando ou mordendo. Mas a maioria menciona o perdão da deusa e a restauração dos operários.

Meskhenet

Na mitologia egípcia, **Mesechenet** *(Msḫn.t*, também **Meschenet**, **Meskhenet**, **Mesenet**, **Meskhent** ou **Meshkent**) era uma deusa do Antigo Egito representada em pé ou sentada em um assento, com pau de papiro, ankh, e na cabeça o que provavelmente é uma vulva de vaca estilizada. Esta representação estilizada em si mesma também foi utilizada como um amuleto. A Mesechenet tinha quatro formas diferentes, todas elas eram deusas associadas à câmara de parto e à cadeira de partos e lápides. Todos eles estavam envolvidos em prever o futuro das crianças recém-nascidas. A consorte dessas deusas foi considerada Shai. A palavra literalmente significa "o que é comandado" (como o *kismat* árabe). Ele foi a personificação da sorte, destino e destino, mas esta função também foi atribuída à própria deusa.

Pakhet

Pachet (egípcia *Pḫ.t* , *ela que rasga*, também soletra **Pakhet**, **Pehkhet**, **Phastet** e **Pasht**) é uma deusa da mitologia egípcia. Ela é considerada uma síntese de Bast ou Bastet e Sekhmet, divindades antigas em ambos os egípcios que eram personificações semelhantes de leoas, uma para o Alto Egito e a outra para o Baixo Egito. O alcance desses dois cultos se estendeu até a fronteira entre o norte e o sul, perto de al Minya (agora conhecida como Beni Hasan), e a similaridade das duas deusas aqui levou a uma nova hibridização das duas culturas.

Origens e mitologia

Pachet provavelmente volta para uma deusa leoa regional ainda mais antiga, a *"Deusa da Boca do Wadi"*, que era adorada por aqueles que caçavam no wadi perto da água na fronteira do deserto. Outro epíteto: *"Ela que abre os caminhos das chuvas da tempestade"* aponta para o tempo em que a tempestade que alimenta a fertilização começou a encher os wadis. Na época em que Pachet surgiu no panteão egípcio, durante o Reino do Meio, a consideração de Bastet como uma leoa feroz estava minguando. Ela era vista mais como um gato manso e agradável. Portanto, a natureza de Pachet está em algum lugar entre a simpatia de Bastet e a ferocidade de Sekhmet. Sua força foi vista um pouco por dentro, embora ainda mantendo as qualidades potenciais da deusa da guerra, para expressá-las quando necessário. Além de Bastet e Sekhmet, ela também é identificada com Hathor, e como resultado, ela também usa o disco dourado como parte de sua coroa como uma deusa do sol.

Ela tornou-se uma deusa perigosa e auxiliar e recebeu até mesmo o epíteto de *"Sustentador* (hrjt) *de todos os deuses"*. O epíteto *"Caçadora noturna com olho afiado e garra pontiaguda"* se referia a seu aspecto desértico, associando-a a violentas tempestades de areia, como foi o caso de Sekhmet. E, como Bastet, ela também era considerada uma protetora da maternidade.

As representações de Pachet mostram uma figura feminina com a cabeça de um felino, frequentemente enquanto mata uma cobra com suas garras afiadas.

Templos perto de al Minya

O templo de Pachet, construído como um santuário rupestre por Hatshepsut perto de al Minya, era o mais famoso dos trinta e nove templos de túmulos antigos do Reino do Meio, os nomarchs do Oryxennomos, que governavam desde Hebenu em uma região com muitas pedreiras. Isto fica no centro do Egito, na margem leste do Nilo. Um local na margem leste não é tradicional para tumbas, a margem oeste é, mas lá o terreno era mais difícil. Sabemos da existência de um templo muito mais antigo para esta deusa naquele local, mas ele não sobreviveu ao teste do tempo. Sabemos por Hatshepsut que foi ela quem restaurou os templos nesta área sessenta anos após terem sido destruídos pelos Hyksos. Grandes quantidades de gatos mumificados foram encontradas lá. Pode-se dizer que muitos deles foram trazidos de muito longe para serem aqui submetidos a um enterro ritual. Algumas referências associam esta deusa como Pachet-Weret-Hekau, (*Weret Hekau* significa "*Ela que tem grande magia*"), implicando em equivalência com deusas como Hathor e Isis. Outro título encontrado é "*Horus Pakht*". A presença de numerosos falcões mumificados no local explicaria uma maior associação com Hathor como a mãe de Horus, o falcão, o faraó e o sol.

Sua natureza caçadora fez com que os antigos gregos, quando ocuparam o Egito trezentos anos depois, equiparassem Pachet a Artemis. Assim, deram o nome Speos Artemidos a este templo cavernícola, a "*caverna de Artemis*", e este nome sobreviveu apesar de ela não ser uma deusa egípcia. Os gregos tentaram equiparar as divindades egípcias às suas próprias, mas deixaram intactas as tradições da religião egípcia. Depois deles, o Egito foi conquistado pelos romanos, logo após o ano 30, e eles retiveram muitos dos nomes gregos, embora eles também tenham feito tentativas frenéticas através da chamada Interpretatio Romana de associar divindades estrangeiras com as deles, dando-lhes seus próprios nomes. Após os anos 600, os nomes em árabe entraram em vigor.

Hatshepsut e sua filha Neferoere foram identificados como os que construíram um templo menor, também dedicado a Pachet nas proximidades, mas do qual faraós sucessivos apagaram toda a decoração. Foi concluída no tempo de Alexandre o Grande e agora se chama *Speos Batn el-Bakarah*.

Qetesh

Qetesh (também **Qetshu**, **Qadesh**, **Kadesh**, **Quadosh**, **Qatesh**, **Qadeshet**, **Qudshu**, **Q(u)odesh**) era uma deusa do amor e da beleza (ao invés de fertilidade) no Egito, na mitologia cananéia e na mitologia grega.

Inicialmente uma deusa semita de origem siro-fenícia de Canaã, ela foi mais tarde adotada no panteão egípcio. Diz-se que seu último consorte foi o deus Reshef, também identificado com Nergal na mitologia caldeia, que também foi introduzido no Reino do Meio. Uma vez que Qetesh entrou na fé egípcia, foi decidido que ela deveria ser a mãe do deus da fertilidade Min, e, portanto, da realização sexual. Como uma deusa popular, ela acabou sendo considerada um aspecto da deusa Hathor, igualmente popular.

Foi também possivelmente uma designação atribuída ao Asherah.

Qetesh foi retratado em frente como uma mulher nua em pé sobre um leão, com na cabeça uma lua cheia ou sol repousando em uma lua crescente. Na mão esquerda ela segurava uma cobra e na direita um ramo de flores de lótus. Ela usava o cabeleireiro com a capa de abutre de Hathor. Na estela do Museu Britânico, ela se chama **Kent**, e na estela de Turim **Qetesh.** Em ambos ela é atribuído o epíteto "*Senhora do Céu, Senhora de todos os Deuses, Olho de Rá, Um sem um segundo*".

O nome *Qetesh* é possivelmente relacionado com a *kadesh* hebraica, uma prostituta do templo. Os deuses Min e Reshef, retratados ao seu lado na estela do Museu Britânico provavelmente representam os amantes da deusa.

Satis

Satet era a deusa padroeira do Nilo no Antigo Egito e especialmente a guardiã das nascentes do Nilo. Ela é representada como uma mulher que usa a coroa branca do Alto Egito com chifres de antílopes em ambos os lados da coroa.

Ela geralmente aparece junto com o deus carneiro Chnoem e sua filha Anuket. Estes três deuses formaram a tríade (trio de deuses composto por um pai, uma mãe e uma criança) da ilha de Elefantino, onde se encontrava a cidade de Aboé com seu principal local de culto. Esta ilha está localizada no sul do Egito, perto da atual cidade de Aswan e perto da primeira catarata. Desse lugar, a inundação do Nilo foi vista pela primeira vez no Egito.

Segundo os egípcios, a deusa vivia ao sul do Elefantino e protegia as fontes do Nilo, que, aliás, os próprios egípcios antigos nunca encontraram e só foram descobertas muito mais tarde. Junto com o deus Nilo Hapy, ela cuidou da inundação do rio, mas Satet regulou a quantidade certa de água. Afinal, a enchente não deve ser muito abundante, mas é claro que também não deve ser muito fina. Portanto, muitos agricultores foram ao seu templo para rezar pela deposição da quantidade certa de lodo para que uma boa colheita pudesse ser esperada.

Servket

No Antigo Egito, **Selket** era uma deusa benigna representada como uma mulher com uma cabeça de escorpião ou um escorpião com uma cabeça de mulher. Às vezes ela é retratada sem cauda.

Ela protegeu as pessoas na terra contra mordidas venenosas e, com as outras deusas padroeiras Isis, Neith e Nephthys e os quatro filhos de Horus, vigiou os cânones que continham as entranhas do falecido.

Suas sacerdotisas se especializaram no tratamento de picadas de insetos e picadas de escorpião. Seu tratamento consistia em aspectos mágicos e médicos.

Seshat

Também se escreve Sesat, Sefekht ou Seshet.

A deusa da história, da literatura, da medição e da gravação

Seshat era uma deusa do Antigo Egito principalmente relacionada à escrita; como arquivista, ela era também a deusa da matemática e dos arquivos reais. Por causa de seu papel na sabedoria, ela foi às vezes emparelhada com o deus da sabedoria Thoth. Seu nome significa "escritor", de "sesh" = escrita, com um final feminino. Um apelido para ela era 'Ruleress of maps and notebooks'.

Apresentação

Ela é retratada como uma jovem mulher usando uma roseta com sete ramos e um arco invertido sobre ela. Às vezes ela também usa uma pele de leopardo (os egípcios viam no padrão de uma pele de leopardo as estrelas, um símbolo da eternidade, mas também era atributo característico de uma sacerdotisa). Seus outros atributos eram um estilete e uma paleta de escrita ou uma palma na mão.

Mito

Durante o festival de Sed ou "Heb sed" ("*Festa da Cauda*"), Seshat desempenhou um papel importante. Este festival foi uma celebração para marcar uma nova fase no reinado de um faraó, se ele pudesse provar sua fertilidade e aptidão.

Quando um faraó estava no trono há 30 anos, este primeiro "jubileu" era celebrado; depois, novamente a cada 3 anos. Os festivais mais antigos provavelmente significavam uma matança ritual do faraó quando ele era considerado velho demais para governar. Mais tarde, eles significaram uma renovação do poder do faraó dominante.

Seshat foi também quem acompanhou a história e, como deusa da aritmética, ajudou os arquitetos a determinar a planta dos novos templos.

Sopdet

Sopdet (a aguçada) - chamada *Sothis* na época grega - era uma deusa do Antigo Egito (ver: Isis-Sothis).

Ela é representada com uma estrela acima de sua cabeça e é conhecida desde o tempo de Djer. Junto com Sah (Orion) e seu filho Sopet, ela formou uma Tríade. Ela era a deusa da estrela Sirius, a *Dog Star*, e em sua homenagem foi celebrado um festival anual, o festival Sothis. Este festival foi comemorado no dia em que a estrela foi brevemente visível novamente pela primeira vez depois de estar escondida atrás do horizonte por 70 dias pouco antes do nascer do sol. O calendário egípcio foi calibrado para isto.

Como regra, logo após o festival de Sothis, o Nilo começou a se lavar novamente e o período seco chegou ao fim. Sopdet anunciou assim o retorno das águas vitais do Nilo, o que foi um bom motivo para comemorar. O período de 70 dias que foi observado para o embalsamamento de um falecido está provavelmente relacionado com os 70 dias de ausência da deusa Sopdet. As pessoas também viram o fim dos preparativos funerários como um retorno à vida, especialmente na cerimônia de abertura da boca.

Taurt

Também chamado Taweret, Thoueris, Opet, ou Apet.

A deusa hipopótamo associada ao parto e à maternidade

Taweret (Ancient Egyptian 'She who is great/all-encompassing', Ancient Greek Τοερις, Teure) é uma deusa da mitologia egípcia.

Taweret era uma deusa em tempos pré-dinásticos, apresentada em numerosos amuletos. Muitos relatos sobre a adoração desta deusa datam do Velho Reino. Junto com o deus arcaico Bes, ela também foi a deusa padroeira ao nascer e amamentar pela primeira vez. Taweret foi portanto representada como uma fêmea grávida de hipopótamo, um animal conhecido por proteger suas crias. Além disso, ela podia ser representada com características de um leão ou crocodilo (possivelmente carregando-os nas costas) e depois tinha uma função apotropaica (tinha que afugentar espíritos malignos ou demônios). O Taweret foi frequentemente invocado no parto para proteger a mulher e a criança (alta taxa de mortalidade no parto) e também foi retratado com uma barriga gorda e seios muito flácidos por este motivo.

Normalmente esta deusa usa uma peruca e acima dela pode ser um cabeleireiro com penas, possivelmente com chifres e disco de sol. Normalmente a boca é aberta ou com os lábios puxados para trás para mostrar fileiras de dentes. Isto possivelmente indica a função de repelir o mal. Principais atributos: o *sa* (símbolo de proteção), a *âncora* (símbolo de vida) e a tocha (repelindo a escuridão e o mal). O símbolo *sa* é geralmente o maior e representa a deusa no chão de ambos os lados enquanto se apóia sobre ele com as palmas das mãos

Algumas vezes a deusa hipopótamo foi associada a Ísis, por exemplo, em parte do *cippi do* Período Final, embora a conexão entre estas duas deusas nem sempre seja clara. Taweret estava mais frequentemente associada a Hathor, usando sua típica cabeça de cabelo (a peruca de abutre). Na vinheta que acompanha o Livro Egípcio dos Mortos capítulo 186 ao papiro de Anhai, ela é mostrada junto com Hathor como uma vaca. Ela parece estar diretamente identificada com esta deusa, pois somente Hathor é mencionada na maldição.

Uma rara estela (a Museam Metropolitana de Arte de Nova York) retrata Taweret prestando homenagem a Mut (que às vezes é visto como um arquétipo de Hathor) e traz as características de Tiye, esposa do faraó Amenhotep III. Esta rainha aparentemente identificada com a deusa hipopótamo.

Taweret foi visto como o cônjuge de Seth em tempos posteriores porque o hipopótamo masculino estava associado a este deus e porque, de acordo com Plutarco, Taweret havia se tornado um dos "seguidores de Horus". Mas Taweret foi igualmente visto como o cônjuge do deus muito mais antigo Bes.

Ela era muito popular entre os egípcios comuns e aparece em muitos textos mágicos, feitiços e amuletos. Taweret era uma deusa doméstica e não tinha templos de culto. No entanto, um templo em Karnak é dedicado às imagens da deusa Opet.Taweret, similarmente relacionada, espalhadas ao longo do Mediterrâneo e finalmente penetrou na iconografia de Minoan Creta, onde sua forma permaneceu reconhecível, embora ela fosse a deusa da água ali.

Wadjet

A Wadjet (também conhecida como Wadjit ou Wedjat) é uma deusa na mitologia egípcia.

Ela é mais conhecida por um dos cinco nomes do faraó, o nome nebty ou o nome das duas deusas Wadjet e Nekhbet. Wadjet representava o norte ou o Baixo Egito e era representado por uma cobra, o uraeus, que se eleva para cuspir veneno em qualquer um que se atrevesse a ameaçar o rei. Nekhbet era uma deusa abutre que representava o sul ou o Alto Egito. Juntos, eles formaram o ornamento que enfeitava a testa do faraó.

Wadjet era adorado em Boeto no delta e às vezes podia ser representado como uma leoa, referindo-se assim a Sekhmet, a forma terrível do sol. Seu nome se refere ao verde das plantas de papiro do delta.

O Olho Wedjat

Wedjat (o primitivo) é também o nome do olho lunar esquerdo de Horus, que foi danificado na batalha entre Horus e Seth, mas depois restaurado por Thot. Horus deu o olho a seu falecido pai Osiris para usá-lo para chegar com segurança à vida após a morte. Muitos amuletos foram feitos do olho, especialmente para o falecido que, por sua vez, tentou chegar ao outro mundo. É muitas vezes feito de faiança verde ou azul, já que o verde representa regeneração e ressurreição. Osiris, com sua tez preta ou verde, é o símbolo da fertilidade (a lama preta do Nilo) e da ressurreição (ressurreição da cultura).

Outros

Akhenaton

Amenhotep IV, **Akhenaten**, **Akhnaton** ou **Akhenaten** (ou outras variantes de escrita) foi um faraó da 18ª dinastia do Antigo Egito. O faraó tornou-se conhecido pela arte solta de Amarna e pela introdução do monoteísmo no Egito.

Família

Akhenaten era um filho de Amenhotep III (c. 1388 - 1351 AC) e da rainha Teje. Ele casou-se com sua sobrinha Nefertiti, filha de um oficial do palácio de Achmim. Ele então se casou com Kiya e outro Teje.

Akhenaten e Nefertiti tinham as seguintes crianças:

- Meritaton,
- Maketaton,
- Anchesenpaäton (o último Anchesenamon)
- Neferneferoeaten Tasjerit,
- Neferneferoere,

- Setepenre

Akhenaten e Kiya tiveram os seguintes filhos:

- Tutankhamun,
- Presumivelmente Smenchkare?

Aparência

O jovem faraó é retratado com uma aparência estranha, para não dizer grotesca. Nele, ele tem uma cabeça grande, em forma de cabaça, um pescoço muito longo e fino, olhos estreitos e lábios salientes. Nele, sua barriga é como a de uma mulher grávida, enquanto suas coxas também mostram uma enorme espessura, mas suas pernas muito finas. Além disso, ele é retratado com características faciais estranhas e femininas. Uma possível explicação poderia ser que Amenhotep sofria da síndrome de Marfan.

O reinado de Akhenaten

Inicialmente, como em Khenet (Gebel el Silsila), ele mesmo havia se retratado como um governante egípcio tradicional. Ele foi entronizado no Templo de Montu em Karnak.

Entretanto, após quatro anos no trono (c.1348 a.C.), Akhenaten fez algumas mudanças revolucionárias:

- Enquanto o Egito tinha até então um politeísmo, com o deus sol Amon como deus principal, Akhenaten possivelmente introduziu o monoteísmo, embora o aspecto monoteísta de sua religião esteja aberto ao debate. O único deus era Aton, o disco do sol, até então um aspecto menor do deus do sol Amon-Ra. Imagens do faraó e de sua família substituíram as dos antigos deuses padroeiros no santuário dos templos.
- Ele mandou construir um novo capital, Akhetaton (Horizon of Aton), atual Amarna. No quinto ano de seu reinado, toda a corte se mudou para Amarna com a Rainha Madre Teje.
- O sumo sacerdote de Aton era o próprio faraó. Ele era o mediador pessoal de culto.
- Um novo estilo, a arte Amarna, o estilo tradicional rígido e estático foi abandonado e as pessoas foram retratadas mais casualmente e fielmente nos relevos. Suas próprias estátuas são expressivas e

pouco atraentes. Novos tamanhos foram introduzidos para
esculpir blocos de pedra.

- Ele fechou os templos de outros deuses que não Aton.
- A linguagem de escrita mudou.

A partir de seu 12º ano de reinado, as reformas se tornaram menos
radicais, quando Akhenaten teve que prestar atenção aos
desenvolvimentos no exterior. Os Hittites tentaram expandir sua influência
na Síria. Um casamento diplomático foi arranjado com uma filha do
governante babilônico dos Kassites. A segunda rainha, Kiya, era
possivelmente a filha do rei Mitanni.

Akhenaten morreu antes de nomear um sucessor.

Adoração Aton

Há teorias de que a religião Aten de Akhenaten influenciou o nascimento
ou desenvolvimento do judaísmo - e, portanto, indiretamente do
cristianismo. Uma pista aqui é o hino a Aten, encontrado em Amarna, que
tem uma semelhança marcante com o Salmo bíblico 104. Como o reinado
de Akhenaten na cronologia mais aceita caiu durante o tempo em que os
israelitas tiveram seu exílio no Egito, tal influência é muito possível. Ainda
mais interessante é a menção de um povo misterioso. Este povo,
chamado Sa-Gaz ou Chabiroe, invadiu Israel do nordeste e é identificado
por alguns estudiosos com os judeus bíblicos. Os Chabiroe vagueavam
em grandes faixas com mulheres e crianças em território intransitável,
longe das principais estradas militares. Algumas vezes interferiram na
política local, servindo como tropas auxiliares quando eles próprios não
estavam fazendo guerra.

Muitos templos dos outros deuses estavam fechados. Isto levou à ruptura
da sociedade porque toda a governança do país tinha passado até então
pelos templos. A administração que a substituiu era corrupta e cheia de
arbitrariedade. Akhenaten era compreensivelmente impopular com os até
então poderosos sacerdotes de Amon; o culto aos deuses tradicionais,
portanto, continuou clandestinamente -testificado pelos achados atuais de
Amarna- e assim a religião tradicional manteve sua conexão com o povo
comum, sobre o qual a reforma religiosa teve pouco impacto.

A arte, entretanto, passou por mudanças radicais, já que os artistas não
precisavam mais seguir as antigas regras rígidas do cânon e podiam ir
por seus próprios poderes criativos. A linguagem escrita também mudou e
se tornou muito mais próxima da linguagem falada.

Política externa

A política externa sofreu com as tensões internas geradas pela reforma Aton, e os Hittites em particular aproveitaram para estender sua influência para Canaã. Entretanto, como testemunham as chamadas cartas Amarna, a corte de Amarna manteve extensas relações diplomáticas, inclusive com Burnaburiaš II de Karduniaš (Babilônia). Em 1887, a correspondência do Ministério das Relações Exteriores egípcio, relativa a Israel, foi encontrada em placas de argila datadas do século XIV a.C. em Amarna. Amarna era a capital do faraó 'herético' Akhenaten (Amenhotep IV). Estas cartas Amarna, cerca de 150 em número, são escritas em acádio, depois na *lingua franca* para a diplomacia internacional, e em cuneiforme. Eles são bastante apimentados com gramática e vocabulário cananéia. Eles contam muito sobre Israel e o sul da Síria nestes tempos, e sobre o papel que o Egito desempenhou lá.

Acompanhamento

Pouco se sabe sobre a morte de Akhenaten. Historicamente, a explicação é que ele foi morto por seguidores do culto de Amon expulso. Recentemente, acredita-se que em torno de sua morte prevaleceu uma praga que matou muitas pessoas não apenas no Egito, mas também em todos os países do Oriente Médio. Isto pode explicar as muitas mortes na família real por volta daquela época. Logo após a morte de Akhenaten, as reformas foram revertidas e Amon foi restaurado e reinstalado em seu templo.

Com sua primeira esposa, o rei teve apenas filhas (seis no total) e após sua morte, o primeiro Smenchkare (talvez o mesmo que Anchchchperoere) o sucedeu. Sua viúva parece ter pedido ao rei hitita um príncipe como consorte. Este príncipe hitita foi morto na fronteira egípcia. Então os Hittites invadiram o norte da Síria.

Depois veio ao trono o filho de Akhenaten, Tutankhaton, que, sob a influência do General Eje de Achmim, casou-se com sua meia-irmã Anchesenpaäton, filha de Akhenaten e Nefertiti. Tutankhaton logo mudaria seu nome para Tutankhamun, deixaria Akhenaten e reabriria os templos dos deuses tradicionais. A tentativa de quebrar o poder crescente dos sacerdotes de Amon parecia ter fracassado.

Após a morte inexplicável de Tutankhamun, Eje o sucedeu, que se casou com Anchesenpaäton (mais tarde Anchesenamon) a fim de reclamar o trono.

Após a morte de Eje, Horemheb chegou ao poder e qualquer referência ao culto Aton foi apagada.

Estruturas

* a cidade de Amarna
* Templo Aton
* Templo de Aton (Karnak)
* Túmulo de Akhenaten em Amarna
* Possivelmente também Graf DK 55

Nomes

O rei foi coroado como Amenhotep IV Nefercheperoere-Oeaenre, ele teve esse nome alterado para Akhenaten Nefercheperoere-Oeaenre no quarto ano de seu reinado por causa do culto Aton. Assim, o rei também tinha dois conjuntos de títulos de rei.

Hu

Hoe (também: **Hu**, ḥw) *foi na mitologia egípcia a personificação do conceito de 'primeira palavra', a palavra do ato de criação, que Atum teria proclamado ao ejacular em seu ato masturbatório de criação da Ennead. É o conceito de expressão autoritária e, portanto, foi fortemente associado a noções de poder e controle.*

Foi dito que a enxada surgiu de uma gota de sangue do falo do deus sol e, portanto, estava ligada ao poder da divindade anterior Re. Mas havia também uma forte conexão com o mito da Criação de Memphis, onde foi o deus Ptah quem criou o universo através de sua afirmação autoritária.

A enxada é freqüentemente encontrada em conexão com a Sia, a personificação da percepção, compreensão ou conhecimento e isto especialmente em mitos sobre a criação ou sobre a viagem do sol através do submundo. A associação da Hoe com o submundo e a vida após a morte é bastante antiga.

Nos textos da Pirâmide, o deus aparece como companheiro do rei falecido, e os textos repetem com freqüência que o rei assume a autoridade. Uma passagem declara explicitamente *a autoridade [Hoe] curvou sua cabeça diante de mim*, indicando que o rei falecido mantém sua autoridade como monarca e tem poder sobre as forças do além.

Raramente a enxada era representada em uma imagem, aparecendo apenas como uma divindade antropomórfica em cenas mostrando o latido de Re.

Como não se deve confundir com o deus Heh ou Hehoe.

Imhotep

Imhotep (Ancient Egyptian Jj m ḥtp *jā-im-ḥatāp "*Quem vem em paz*",
também **Immutef**, **Im-hotep,** ou **Ii-em-Hotep**, Ancient Greek *Imuthes*
(Ιμυθες)) foi ca. 2655-2600 BC vizier (primeiro-ministro) do Faraó Djoser,
o segundo faraó da terceira dinastia do Antigo Reino no antigo Egito.
Além de vizier, ele também foi arquiteto, conselheiro do faraó, escritor de
obras médicas e sumo sacerdote de Ptah e Ra.

Imhotep, o homem

Imhotep é mais conhecido como o vizir e "espectador de obras" do faraó
Djoser. Ele projetou a Pirâmide de Passos de Djoser. Um gigantesco
complexo contendo todos os tipos de estruturas religiosas/reais
executadas pela primeira vez em pedra. Imhotep nasceu em uma família
de classe média, mas ascendeu através de sua inteligência e serviu como
sumo sacerdote ao deus Ptah, entre outros. De acordo com um mito,
criado muito depois de sua morte, foi dito que ele era filho de Ptah para
uma mulher mortal, Chredoe-anch ou Kheredu-ankh, que mais tarde foi
elevada ao status de semideus porque se dizia ter sido uma filha de
Banebdjedet. Além de padre, Imhotep também foi arquiteto, escriba e
médico e por causa deste amplo desenvolvimento, ele é às vezes
considerado o primeiro gênio do mundo (ou o primeiro homo universalis).
O túmulo de Imhotep ainda não foi encontrado, mas pensa-se que o
túmulo nº 3.518 em Saqqara pode pertencer a ele. Várias imagens de sua
vida mostram que foi concedido a Imhotep o direito de ser nomeado junto
com o rei, uma honra muito alta. Não se sabe como Imhotep
desempenhou seu papel como padre.

Imhotep como deus

Imhotep permaneceu famoso mesmo após sua morte e sua fama
aumentou mesmo com o passar dos séculos. Cerca de dois mil anos após
sua morte, ele foi até mesmo declarado deus. Dizia-se que ele era um
filho do deus Ptah. Imhotep tornou-se o santo padroeiro da medicina, do
conhecimento superior e da escrita. Por causa de seu conhecimento de
medicina, os gregos o equipararam ao deus Asklepios e por causa de seu
conhecimento de escrita, ele também foi associado ao deus Thoth.

Nas representações, Imhotep é um homem comum, usando uma tanga e
uma parte superior do corpo nua. Ele é representado com a cabeça
raspada ou com a caveira e ostenta os sinais de um deus (âncora e

cetro). A semelhança com o deus Ptah é marcante, que - como a única outra divindade - também usa uma tampa de caveira, assim como a âncora e o 'cetro de cera'.

Entretanto, ao contrário de Imhotep, Ptah é sempre retratado como um homem mumificado e traz o símbolo djed, além dos sinais acima mencionados.

Sah

Sah foi a personificação da constelação Orion na mitologia egípcia. A esposa de Sah foi Sopdet, a personificação de Sirius. O filho deles era Sopdu.

Tanto a constelação Orion quanto a estrela Sirius foram muito importantes na mitologia egípcia. Eles foram vistos como manifestações de Osíris e Isis. Assim, o Saara é frequentemente referido como *Pai de todos os Deuses* nos textos em pirâmide do Velho Reino.

As imagens do Sah são escassas. Na maioria das imagens, o vemos como um homem barbudo em um barco a remo feito de papiro, navegando entre as estrelas no céu noturno.

Almas de Pe e Nekhen

As almas de Nechen e Pe são dois deuses egípcios que representam a unidade no início dos tempos na mitologia egípcia. Eles simbolizam as almas (*Bau*) da cidade de Pe (Boeto) no Baixo Egito e a cidade de Nechen (Hierakonpolis) no Alto Egito. Eles representam os governantes do período pró-dinástico dessas duas cidades e protegeram o rei (morto e vivo). O Livro Egípcio dos Mortos diz algumas coisas sobre os deuses. Por exemplo, as almas de Pe resmungariam pela morte de Osíris, e reverenciariam Horus como o novo rei vivo. Além disso, as almas dos dois reinos estariam ligadas às estrelas, para que o rei pudesse subir aos céus por uma escadaria cósmica.

Aparência

Os dois deuses são representados como um chacal (Nechen) e como um falcão (Pe). Eles são normalmente identificados pela "saudação jubilosa" (*Henu*) que fazem ao rei. A saudação de júbilo é feita ao nascer (do sol) ou a outros rituais. Muitas vezes eles também carregam uma casca ou mesmo o rei sobre seus ombros.

Veneração

Os deuses não tinham realmente um templo permanente; eles eram mais uma personificação da ancestralidade dos reis. Eles também desempenharam um papel nos rituais de renovação do rei. As almas de Pe e Nechen apareceram primeiro no Reino do Meio e depois em massa em tumbas reais no Novo Reino. Eles podem ser encontrados no templo de Edfu de Horus e no túmulo de Ramsés I, onde sempre funcionam como figuras secundárias.

Sphinx

A **esfinge** é uma criatura mítica encontrada em várias culturas.

Nem todas as culturas retratam a esfinge da mesma forma. Por exemplo, a esfinge grega é metade mulher (cabeça), metade águia (corpo), mas no Egito a combinação metade homem (cabeça), metade leão (corpo) é mais comum (embora os chamados *criosfinxes*, que têm a cabeça de um carneiro, também ocorram).

esfinge egípcia

Uma esfinge era usada no Antigo Egito como sentinela, entre outras coisas. A imagem da esfinge foi usada para assustar os inimigos. Em segundo lugar, a esfinge era simbólica do "guardião do sol". Também foi identificado com Horus, o faraó e o próprio sol. As criosfinxes foram associadas com os deuses Amon e Chnoem.

- Esfinge de Gizé
- Esfinge de Memphis
- Dromos (fileiras de esfinges) no templo de Luxor e no templo de Amon em Karnak
- Dromos no Serapeum em Saqqara

Quatro filhos de Horus

Os **quatro filhos de Horus** são Amset, Dumautef, Hapy e Kebehsenuf. Eles desempenharam um papel importante no culto da morte do Antigo Egito. Para a sobrevivência da alma, no Antigo Egito o corpo tinha que ser capaz de permanecer intacto. Portanto, eles tinham que ser capazes de ter o corpo preservado. A mumificação envolveu a remoção de certos órgãos do corpo do falecido. Isto tornaria o processo de decaimento muito mais lento.

Heródoto descreve como o lado do abdômen foi aberto e as entranhas arrancadas. Nem todas as entranhas foram guardadas, mas de acordo com a tradição, quatro foram enfiadas em um canope. Estes quatro eram cada um protegido por um filho de Horus e uma deusa.

Símbolos

Ankh

A **âncora** (☥, egípcio: ꜥnḫ) muitas vezes escrita como **ankh**, também: o **sinal de âncora**, a **cruz da vida** ou a **âncora-cruz** é um dos símbolos egípcios antigos mais conhecidos e representa a vida na mitologia egípcia, inclusive no nome Tutankhamun, *equivalente vivo de Amon.*

O papel na antiguidade

Nos tempos antigos, os egípcios usavam a âncora em imagens como sinal de sua imortalidade, a chave para a felicidade eterna; quando as pessoas a usam, isso indica que trocaram este mundo pelo futuro. Pensou-se em oferecer-lhes proteção contra todos os tipos de perigos. O hieróglifo nesta forma significa "vida".

No período de Amarna, o átomo, o disco do sol divino que dá vida foi retratado com muitos raios, cada um terminando em uma mão. O trono preservado de Tutankhamun retrata o átomo apresentando uma âncora para o rei e a rainha. A apresentação de uma âncora por uma divindade a um faraó era o símbolo de outorgar energia vital. A âncora também foi sempre mantida bem debaixo do nariz, pois esta energia era transmitida com a respiração, como mostrado em várias imagens.

A âncora também é encontrada na impressão do selo do rei Ezequias de Judá, em dezembro de 2015, descoberta durante escavações na área de Ophel, no lado sul do Monte do Templo, em Jerusalém.

Na Igreja Copta Egípcia no século IV, a *âncora* foi usada como símbolo de vida após a morte.

Nos anos 80, o símbolo experimentou um ressurgimento como um ornamento entre os aderentes da subcultura gótica/nova onda.

Djed

Um pilar **Djed** ou Djed é um símbolo da mitologia egípcia. O símbolo ocorre com o deus Banebdjedet e a cidade *Per Osiris neb Djedu* (Busiris).

Representação e significado

Está ficando cada vez mais claro o que o símbolo originalmente representava. É um símbolo muitas vezes identificado com o deus Osíris. Como Osíris era um rei da eternidade, também não é surpreendente que o símbolo djed signifique permanência e eternidade. É comumente entendida como a medula espinhal de Osiris. Por este motivo, pode ser chamado de Hermético. É o sistema nervoso parassimpático transfigurado da filosofia esotérica que é ativado.

Tem sido sugerido que tem a ver com os antigos pastores, os antepassados dos egípcios. Outra teoria é que o Djed representa a Árvore da Vida com, para cada protuberância no topo, um mundo de passagem. Diz-se que este símbolo tem suas origens em um antigo ritual da natureza integrado com o deus Chenti-Amentioe no início da religião egípcia. Este deus de Abydos fundiu-se mais tarde com o deus Osíris. Osíris era o deus da ressurreição e da fertilidade - seus festivais (que aconteciam ao redor do festival da semeadura e da colheita) eram freqüentemente cercados por rituais de fertilidade onde os grãos desempenhavam um papel importante.

Olho de Hórus

O **Olho de Ra** é o nome original do **Olho de Horus**. Na mitologia egípcia antiga, o Olho de Ra simbolizava o sol feminino (Sechmet), enquanto Amon simbolizava o aspecto masculino do sol.

O olho de Horus é composto de várias partes, e é então chamado de wadjet. Juntos eles ocupam um heqat. As partes individuais do olho representam os sentidos: olfato, visão, pensamento, audição, degustação e sentimento. A divisão é a seguinte:

- 1/64 heqat feel
- 1/32 ensaios de heqat
- 1/16 heqat hear
- Pensamento de 1/8 heqat
- 1/4 heqat ver
- 1/2 cheiro de heqat

Simbolismo

O Olho de Hórus - o olho que tudo vê - é um símbolo comumente visto em filmes e livros sobre o Antigo Egito.

Foi dito que o símbolo no verso de uma nota de $1, a pirâmide com um olho acima dela, representa o Olho de Hórus. Os pensadores da conspiração vêem isto como uma referência aos Illuminati.

O álbum *Eye in the Sky* do Projeto Alan Parsons e o álbum *Vision Thing* do The Sisters of Mercy têm o Eye of Horus na capa. O Olho de Horus é mais um elemento freqüente em *A Casa de Anúbis* e recorrente no filme Now You See Me.

O Olho de Hórus também é usado como amuleto para proteger contra o mau-olhado.

Escaravelho

Um **escaravelho** é um objeto decorativo egípcio antigo, mais comumente um amuleto ou selo, na forma de um escaravelho sagrado (*Scarabaeus sacer*). Esta criatura, ela mesma chamada *escaravelho*, é um tipo de escaravelho de esterco. Os escaravelhos de esterco coletam esterco de herbívoros, tais como cavalos e camelos, que ainda contêm muitas fibras não digeridas. A partir daí, eles giram bolas nas quais depositam seus ovos.

Significado na mitologia egípcia

O escaravelho era considerado um animal sagrado na mitologia egípcia. Os egípcios pensavam que os escaravelhos saíam espontaneamente das bolas de esterco, pois não se sabia então que o escaravelho põe ovos no esterco e as larvas filhotes e eclodem na bola de esterco.

Em hieróglifos, a imagem de um escaravelho representa as três consoantes ḫpr (*"cheper"*), que os egiptólogos traduzem como "surgir", "criar" ou "transformar".

O escaravelho foi associado ao deus Chepri, cujo nome consiste nas mesmas consoantes. Chepri era o deus do sol nascente, que criava um novo sol todos os dias, por assim dizer. As bolas de esterco, feitas e roladas por escaravelhos, também foram associadas ao sol, e portanto ao Chepri, por causa de sua forma redonda.

Na arte

O escaravelho aparece na arte egípcia em várias aplicações:

- Como um ornamento ao redor do pescoço
- Como um amuleto no peito ou no coração de uma pessoa falecida
- Como objetos comemorativos de eventos importantes de faraós e rainhas. Amenhotep III emitiu um grande número de carabídeos comemorativos
- Retratado como um deus na pintura em túmulos e templos

Os escaravelhos também desempenharam um papel em áreas em torno da esfera de influência egípcia, tais como Canaã ou Núbia.

Tyet

Tyet é um símbolo da mitologia egípcia, pertencente à Deusa Ísis desde o Novo Reino.

Tyet é muito semelhante à âncora, a *cruz* egípcia *da vida*, exceto pelo fato de que ambos os braços pendem para baixo. Também significa o mesmo que a âncora: algo como "prosperidade" ou "vida". Possivelmente tyet é um sinônimo de âncora. O sinal foi encontrado em sua edição mais antiga em um relevo da 3ª dinastia, mas os egiptólogos acreditam que é muito mais antigo; eles suspeitam que o sinal data pelo menos do período pró-dinástico. Nos tempos antigos, o amuleto era derretido principalmente nas faces de Hathor ou Bat como um emblema para seus status de culto (que também se tornou o emblema do kherep-ah, o guarda palaciano). A ligação com Ísis no Novo Reino provavelmente surgiu das associações que o tyet tinha com o Djed, outro símbolo egípcio. Nas pinturas de parede, o tyet era freqüentemente usado com o Djed do ponto de vista decorativo.

Tyet era freqüentemente chamado de *Sangue de Ísis* ou "*nó de Ísis*" no antigo Egito. O nome *Sangue de Ísis* se refere às propriedades mágicas da menstruação de Ísis. O *nó do* nome *Isis* se reflete principalmente na forma do símbolo.

No Livro Egípcio dos Mortos, está escrito sobre o Tyet:

> *Você possui seu sangue, Ísis, você possui seu poder, Ísis, você possui sua magia, Ísis. O amuleto (tyet, ed.) é uma proteção para este Grande, que repelirá qualquer um que conspire um ato criminoso contra Ele.*

Uraeus

A **cobra Ura de Uraeus**, o **símbolo de Uraeus**, enfim, é a cobra de cobra simbólica que adorna muitas divindades e faraós egípcios. Os antigos egípcios chamavam a cobra de **Iaret** que significava "Cobra Elevadora". Os gregos a chamavam de ouraîos (οὐραῖος) que significa "Em sua cauda", da qual Uraeus evoluiu.

Mitologia

O símbolo significa poder e domínio sobre a fertilidade e prosperidade da terra. A origem do *símbolo uraeus* vem do Baixo Egito, onde a deusa Wadjet cobra era adorada. Diz-se que foi o deus Geb que havia nomeado o faraó para carregar a naja como o governante legítimo do Egito.

A cobra erguida defendeu o faraó na batalha, como Tutmose III na batalha de Megiddo (1457 AC) e Ramsés II na batalha de Kadesh (1274 AC).

O deus sol Ra também usou o uraeus em seu disco solar onde Wadjet destrói as cobras do submundo, a corça de Apophis.

Quando Akhenaten (c. 1351-1334 AC) adorava somente o deus Sol Aton, somente o uraeus permanecia no disco solar.

Textos

Livro dos Mortos

O **Livro dos Mortos** (tradução literal: *O Livro dos Levantados [ou Indo] por Dia*) é o nome de uma coleção de textos escritos especialmente em papiro que foram dados com o falecido no túmulo durante o Novo Reino, o Terceiro Período Intermediário e o Último Período. Em árabe, é chamado 'Kitâb al Mawtâ/كتاب الموتى'. Era uma parte essencial do culto de Osíris, no qual se tornou possível que não só o faraó pudesse esperar pela vida eterna, mas que isto também se aplicasse a outras pessoas justas. Enquanto isso, 192 textos diferentes - cada um deles uma espécie de feitiço mágico - são distinguidos. A palavra "livro dos mortos" foi introduzida pelo estudioso alemão Lepsius em 1842, embora não seja um livro, mas se refira a uma variedade de pergaminhos de papiro, textos de túmulos nas paredes e sarcófagos. Nem pode o Livro dos Mortos ser considerado uma espécie de Bíblia para os egípcios. Havia vários feitiços diferentes encontrados nos túmulos. Alguns feitiços eram os mesmos em uma variedade de tumbas e outros eram únicos. Tebas foi a cidade onde a maioria dos textos foi fabricada. Um pergaminho de papiro poderia ser fabricado por escribas. Eles transcreveriam então outros textos exatamente como o cliente desejava. O preço de um pergaminho pode ser elevado, dependendo do nível do escriba e do número de feitiços com imagens que se deseja.

Vida após a morte

Os feitiços eram freqüentemente acompanhados por uma vinheta, uma representação simbólica que resumia o conteúdo do feitiço. Os textos em si são uma continuação de textos religiosos mais antigos como os Textos em Pirâmide e os Textos em Sarcófago. Ao contrário dos Textos em Pirâmide, o Livro dos Feitiços Mortos tem títulos. O objetivo dos feitiços era fornecer aos mortos meios de sobrevivência e proteção contra os perigos na vida após a morte. Eles formaram uma espécie de guia de viagem para a viagem através do submundo. A viagem atravessou águas perigosas onde vários monstros apareceram. Usando os feitiços, os monstros poderiam ser silenciados. Finalmente, o falecido teve que chegar à "sala de julgamento".

Mandado de óbito

O tema central é o Julgamento de Morte, ao qual todo falecido é submetido, e a viagem do falecido através da vida após a morte. Durante o tribunal onde o defunto é julgado por 42 juízes, o defunto faz uma confissão negativa. Ao fazer isso, ele lista todos os tipos de coisas ruins que *não fez* durante sua vida, negando assim seus pecados. O coração do defunto é pesado em uma balança, com Ma'at (justiça) na forma simbólica de uma pena servindo como contrapeso. Se o coração fosse igualmente pesado, ou seja, não pesado com o pecado, a pessoa morta era admitida no submundo com Osíris; se o coração fosse pesado com o pecado, o falecido era despedaçado por Ammit.

Preservação de textos

Embora já houvesse feitiços em várias paredes de tumbas, o Renascimento egípcio do faraó Akhenaten causou um rápido crescimento na coleção dos diversos feitiços. Como resultado, muitos textos foram colocados em papiro. Muitas vezes os textos em papiro eram colocados entre as hastes de vento da múmia. Algumas vezes eles foram enrolados em uma estátua de Ptah-Sokar-Osiris. Os pergaminhos de Anni, estão particularmente bem conservados devido a este último.

Tumba de Tutankhamun

Alguns feitiços (encantamentos) também foram encontrados na tumba de Tutankhamun. Eles estavam no interior da tampa exterior (santuário) do caixão.

Livro de Portões

O **Livro de Portões** é uma antiga escritura sagrada egípcia. O livro data do Novo Reino e é sobre a alma de uma pessoa recentemente falecida, que está em sua jornada para o céu ou para o *próximo mundo*. Para chegar ao céu, a alma deve passar por várias etapas; o submundo à noite e uma série de 12 portões separados um do outro. Cada portão durante a viagem refere-se a uma deusa, e para passar por tal portão, o falecido deve reconhecer e reconhecer a personalidade especial da deusa correspondente. De acordo com o texto, alguns entrarão pelos portões injustamente triunfantes, mas os outros desaparecerão num mar de fogo.

As deusas associadas aos portões usam títulos diferentes e roupas de cores diferentes, mas todas parecem idênticas umas às outras e têm uma estrela de cinco pontas acima de suas cabeças. A maioria destas deusas são únicas na mitologia egípcia; elas não aparecem em nenhuma outra escritura. Com base nesse fato, os egiptólogos afirmam que o Livro de Portões foi desenvolvido para contar as horas à noite. De acordo com esta teoria, cada deusa representa uma hora diferente.

As deusas do Livro de Portões são sucessivamente:

1. Decapitador dos inimigos de Ra
2. Sábia vigília do Senhor
3. Aqueles que rompem a Ba
4. Um de grande poder
5. Ela que está em seu barco
6. Líder bem sucedido
7. Quem repelir a serpente
8. Senhora da noite
9. Ela que está em admiração
10. Aqueles que decapitam os rebeldes
11. A estrela que repele os rebeldes
12. O testemunho de Ra para a magnificência

Os Conteúdos de Horus e Seth

A **batalha de Horus e Seth** é um mito da mitologia egípcia que aparece em várias formas. O mito tem claro significado político porque seu tema principal é a legitimidade da sucessão ao trono. É uma versão de um conto de fadas também conhecido de uma variedade de culturas posteriores (AT 613, "Os Dois Viajantes (Verdade e Falsidade)").

O tema central é a luta pelo trono do Egito depois que Seth matou seu irmão Osiris. A batalha é entre o legítimo herdeiro ao trono, Horus, filho de Osíris, e seu tio Seth, que tomou o trono pela força.

Papyrus Chester Beatty I

Na versão do papiro Chester Beatty I, a história começa com um julgamento. Após a morte de Osíris, que havia liderado um reinado de paz e prosperidade, seu irmão e assassino Seth faz reivindicações ao trono. No entanto, através da magia de Ísis, Osíris recebeu um filho e um sucessor, afinal de contas. Os deuses, sob a presidência de Ra, devem pronunciar julgamento, mas há discordância. Embora Horus seja claramente o legítimo herdeiro, muitos deuses ainda são a favor de Seth. Afinal de contas, Horus ainda é jovem, e Seth não seria apenas um rei melhor? Afinal de contas, ele viaja com Ra no barco solar e afasta seu inimigo Apophis. Finalmente, a antiga deusa da guerra Neith é convidada a dar conselhos. Ela emite um veredicto: Horus pertence ao trono, mas Seth deve ser compensado. Ela até ameaça que o céu cairá sobre o Egito se seu veredicto não for cumprido. No entanto, os deuses não concordam. Na briga, Ra fica muito ofendido e se amua. Somente quando sua filha Hathor o anima é que ele volta. Ela lhe mostra suas partes púbicas, o que o faz rir com muita gargalhada.

Para evitar que Ísis interfira, os deuses transferem o julgamento para uma ilha. No entanto, a dona da magia e da astúcia consegue enganar o vendedor ambulante, e uma vez na ilha ela consegue transformar seu irmão Seth no calcanhar. Ela se transforma em uma bela mulher e busca conforto em Seth com a história de que um vilão a roubou e jogou seu filho para fora de casa. Indignado, Seth expressa sua condenação ao vilão, mas então fica claro para ele que ele mesmo acaba de se condenar. Afinal de contas, o Horus recebe o trono.

Ainda assim, o caso continua se arrastando e se torna cada vez mais obscuro. Finalmente, Seth tenta decidir com um concurso. Horus e Seth transformam-se ambos em hipopótamos e mergulham debaixo d'água.

Quem se mudar para a superfície da água nos próximos três meses, perdeu. A Isis não quer esperar por isso. Ela joga uma lança na água, mas acidentalmente fere Horus com ela. Felizmente, ela é capaz de usar sua magia para curar a lesão. A segunda lança atinge Seth, mas esta toca em sua mente: afinal de contas, ele é seu irmão. Quando ela sucumbe aos seus pedidos e remove a lança, Horus é vencido por uma grande raiva e corta a cabeça de sua mãe em fúria. Ele foge para os Oásis ocidentais com a cabeça de Ísis. Seth o persegue, em parte para se vingar da morte de sua irmã. Ele arrancou os dois olhos de Horus. Os olhos são enterrados e as flores de lótus crescem a partir deles. Portanto, o lótus é uma flor sagrada. Hathor, entretanto, cura os ferimentos de Horus com o leite de uma gazela. Enquanto isso, Thoth também curou Isis magicamente, dando-lhe uma cabeça de vaca.

Os deuses estão chocados como tudo ficou fora de controle. Eles se lembram de ambas as partes, mas em um banquete, Seth tenta humilhar e deixar o Horus de lado, violando-o. Horus, no entanto, é mais esperto que ele. Ele consegue pegar a semente de Seth em suas mãos antes que ela possa entrar em seu corpo. Ele foge para sua mãe que lhe corta a mão para se livrar da semente de Seth nos pântanos. Com seus feitiços, ela cura a lesão. Horus agora busca vingança contra Seth. Ele aplica sua própria semente a uma cabeça de alface, o vegetal Seth gosta tanto. Seth come a alface e assim a semente de Horus penetra em seu corpo sem ser notada. De volta ao tribunal, a semente de ambos os deuses é convidada a testemunhar. Em vez da semente de Seth em Horus, a semente de Horus responde na forma de um disco solar dourado do topo da cabeça de Seth. Afinal de contas, a semente de Horus era de origem divina. Horus ganhou novamente.

Seth fica realmente furioso agora e desafia Horus para uma regata de barcos. Para tornar as coisas interessantes, ele insiste em usar barcos feitos de pedra. Horus pinta um barco feito de madeira de tal forma que se parece com pedra. O barco de Seth é de pedra e afunda, mas ele se transforma rapidamente em um terrível hipopótamo que ataca o barco de Horus.

Agora os deuses já tiveram o suficiente. Até Osíris, o deus dos mortos, envia uma mensagem e os deuses finalmente decidem que Horus será o novo rei. No entanto, Seth continua sendo um deus importante que é altamente valorizado pelo deus sol. Com o trovão que ele provoca no céu, ele afugenta todos os tipos de inimigos malignos.

Variantes

Em outra versão da história, Seth e Horus se transformam em todos os tipos de animais que lutam entre si. Quando Seth se transforma em um grande hipopótamo vermelho, ele é morto em Elephantine. As águas do Nilo lá no sul profundo ainda se agitam devido à enorme luta. Horus o mata com uma lança e Isis corta seu cadáver e o alimenta de gatos e minhocas. Assim pode acontecer a qualquer um que ouse violar o trono sagrado do Alto e do Baixo Egito.